Follow Me

《亲历者》编辑部 编著 ★ 年年修订 ★

北京
深度游

慢·旅·行·的·倡·导·者

中国铁道出版社有限公司
CHINA RAILWAY PUBLISHING HOUSE CO., LTD.

图书在版编目（CIP）数据

北京深度游 Follow Me /《亲历者》编辑部编著 . —5 版 . —北京：中国铁道出版社有限公司，2023.8（2024.10 重印）
（亲历者）
ISBN 978-7-113-30298-6

Ⅰ.①北… Ⅱ.①亲… Ⅲ.①旅游指南 – 北京 Ⅳ.① K928.91

中国国家版本馆 CIP 数据核字（2023）第 101479 号

书　　名：	北京深度游 Follow Me BEIJING SHENDU YOU Follow Me
作　　者：	《亲历者》编辑部

策划编辑	聂浩智		
责任编辑	马真真	编辑部电话：	（010）63583183
封面设计	尚明龙		
责任校对	苗　丹		
责任印制	赵星辰		

出版发行：	中国铁道出版社有限公司（100054，北京市西城区右安门西街8号）
印　　刷：	天津嘉恒印务有限公司
版　　次：	2013年5月第1版　2023年8月第5版　2024年10月第3次印刷
开　　本：	660 mm×980 mm　1/16　印张：13　字数：320千
书　　号：	ISBN 978-7-113-30298-6
定　　价：	59.80元

版权所有　侵权必究

凡购买铁道版图书，如有印制质量问题，请与本社读者服务部联系调换。电话：（010）51873174
打击盗版举报电话：（010）63549461

如何使用本书

景 区
精选北京33个热门目的地，囊括北京旅游精华。

景区概述
用简练的语言，让读者对景区有一个整体认识。

微印象
精选自媒体平台、旅游网站上旅行者对景区作出的价值性点评，让读者对景区有一个初步的认识，确定旅游目的地。

基本信息
包括门票价格、景区开放时间、最佳旅游季节、进入景区的各种交通方式等实用信息。

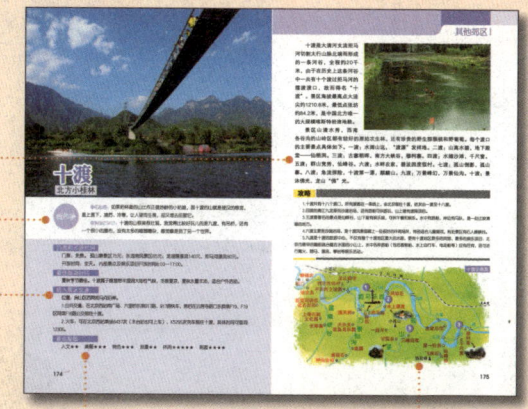

景区星级
从美丽、浪漫、休闲、人文、特色、刺激6个方面给景区评级。

景区示意图
标注景区出入口、游览线路、观光点、景区配套设施等信息。

子景点
观光点的详细介绍，并配有实用攻略、小贴士、旅友点评等丰富的资讯。

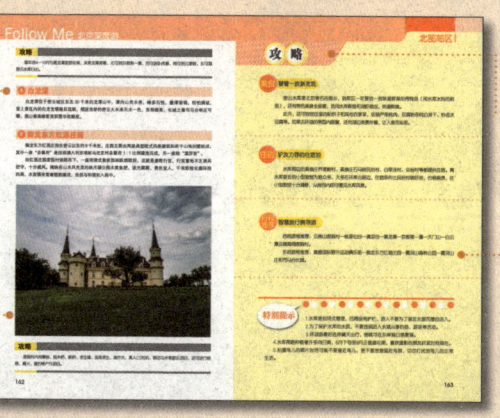

图 片
选取精美图片，提升现场感，提供摄影参考。

景区攻略
包含住宿、美食、购物、娱乐、景区内部交通、旅游注意事项等，丰富且实用。

行程推荐
提供合理、实用的景区游览方案。

导 读
提供北京的基本背景信息，让读者先认识目的地，再开始旅行。

爱上城市
若干幅精美图片，让读者对目的地建立感性印象。

城市概览
以图文形式，梳理城市的地理、历史、文化等知识，让读者对目的地建立初步认识。

读懂城市
以专题的形式，介绍一些文化主题，让读者对目的地产生更深刻的认识。

北京，
来玩就要有深度

国际大都市

多个朝代选择定都北京，这样的历史积淀，给予了它厚重的文化底蕴。这里现代与古代互不打扰，老城文艺古朴，新城现代大气。如今的北京已经越来越具有"国际范儿"，清晨遛鸟、胡同聊天已经不再是北京生活的全部，他乡寻梦的创业者，来自世界各地的职场人，还有夜晚酒吧里尽情挥洒热情的人群……都为如今的北京增添了不一样的风采。

不夜之城

高楼林立的CBD，纵横交错的高架桥，白天的北京充满忙碌。而夜色下的北京，则完全是不同的景象。夜里的北京是三里屯的繁华，是后海的酒吧，是簋街的宵夜，是微醺的风，是街道上依旧川流不息的车流。当你在喧哗热闹的街道酒吧中自由放松之后，才发现，新的一天又要开始了。

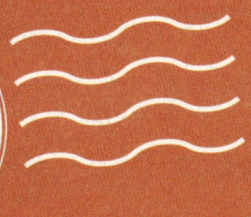

北京是首批国家历史文化名城和世界上拥有世界文化遗产数最多的城市。早在70万年前，北京周口店地区就出现了原始人群"北京人"。3000多年的历史孕育了故宫、天坛、八达岭长城、颐和园等众多名胜古迹。西周时期，北京成为蓟、燕等诸侯国的都城。公元938年以来，北京先后成为辽陪都、金中都、元大都、明清国都。1949年10月1日成为中华人民共和国首都。

印象中的北京，是大大的军棉袄，酸甜的冰糖葫芦，热乎的铜锅涮肉，还有叼着烟袋提着鸟笼在胡同里晃悠的老大爷；是春日樱花满园的玉渊潭，夏日荷花铺满的后海，秋日一地金黄的八达岭长城，冬日白雪皑皑的故宫；是夜晚灯火辉煌的CBD，潮流时尚的三里屯，号称"宇宙中心"的五道口，文艺自由的798……

而如今的北京最重要的关键词是"包容"。这里是一个不论新旧、不论名气、不论籍贯、不论出处、不论来路、不论年纪的地方。走在人潮汹涌的甬道上，头顶上笼着砖红色的翘檐棚顶，身边千年的历史长卷徐徐展开，恍惚间，时光交错，岁月斑驳，宛若置身于异世；再等到周围安静下来的时候，北京静谧而威严，千百年的历史在一瞥中，就看见惊鸿照影。

如此一生，当来北京。

历史拾遗

长久的历史积淀给北京留下了众多惊艳的历史遗址。北京是全球拥有世界遗产最多（7处）的城市，对外开放的旅游景点达200多处，有气势恢宏的皇宫紫禁城，祭天神庙天坛，皇家园林北海公园、颐和园和圆明园，还有八达岭长城、慕田峪长城及世界上最大的四合院恭王府等名胜古迹。

琳琅美食

北京的风味小吃历史悠久、品种繁多、用料讲究、制作精细，有口皆碑，这些小吃在庙会或沿街店铺售卖，人们无意中就会碰到，老北京形象地称之为"碰头食"。京味小吃的代表有豆汁儿、豆面酥糖、酸梅汤、茶汤、小窝头、茯苓夹饼、果脯蜜饯、冰糖葫芦、艾窝窝、豌豆黄、驴打滚、灌肠、爆肚、炒肝等。

目录

速读北京 001-029

爱上北京
- 古都烟华今犹在……………002
- 不到长城非好汉……………004
- 老北京的文艺气息…………006
- 银装素裹的首都……………009

北京概览
- 北京每月亮点………………010
- 北京地理……………………011
- 北京历史……………………012
- 北京美食……………………014
- 遇见新奇物产………………016
- 领略恢宏建筑………………018
- 北京首行四日经典之旅……020
- 北京历史文化六日深度之旅…021

读懂北京
- 六朝古都：见证我国悠久历史…022
- 天安门广场：中华人民共和国的象征………023
- 四合院和胡同：了解北京的窗口……………024
- 长城：古老城墙似巨龙……025
- 中关村：中国的科研创新高地………………026
- 奥林匹克公园：第29届奥运会的"后花园"…027
- 高校林立：浓浓书墨香……028
- CBD：北京现代文明的缩影…029

第1章 老城区 030-085

- 故宫……………………032
- 天安门广场及周边……038
- 王府井…………………046
- 雍和宫及周边…………050
- 北海公园………………056
- 什刹海周边……………061
- 南锣鼓巷………………069
- 天坛公园………………074
- 东四周边………………080

第2章 新城区 086-125

- 奥林匹克公园及周边…088
- 北京CBD………………094
- 三里屯…………………097
- 798艺术区……………101
- 北京欢乐谷及周边……106
- 颐和园…………………110
- 香山公园………………116
- 卢沟桥文化旅游区……122

第3章 126-171
北部郊区

长城	128
龙庆峡	134
明十三陵	139
喇叭沟原始森林公园	144
雁栖湖	149
古北水镇	153
密云水库周边	158
南山滑雪场	164
平谷百里桃花走廊	167

第4章 172-200
其他郊区

十渡	174
石花洞	179
周口店北京人遗址	182
潭柘寺	185
妙峰山	190
北京环球度假区	194
北京野生动物园	198

示意图目录

故宫示意图	033
天安门广场示意图	039
雍和宫示意图	051
雍和宫周边示意图	053
北海公园示意图	057
什刹海周边示意图	065
天坛示意图	075
奥林匹克公园示意图	089
香山公园示意图	118
卢沟桥景区示意图	123
八达岭长城示意图	129
十三陵示意图	140
喇叭沟示意图	145
十渡示意图	175
潭柘寺示意图	186

特别提醒
北京各景区普遍施行实名预约参观制度，须持有效证件在相应门户网站、小程序、App等预约平台上预约参观时间。在预约时段，持预约所用证件，核验后进入参观。

速读北京

爱上北京

古都烟华今犹在

不到长城非好汉

老北京的文艺气息

银装素裹的首都

北京概览

北京每月亮点

北京地理

北京历史

北京美食

遇见新奇物产

领略恢宏建筑

北京首行四日经典之旅

北京历史文化六日深度之旅

读懂北京

六朝古都：见证我国悠久历史

天安门广场：中华人民共和国的象征

四合院和胡同：了解北京的窗口

长城：漫漫雄关真如铁

中关村：中国的科研创新高地

奥林匹克公园：第29届奥运会的"后花园"

高校林立：浓浓书墨香

CBD：北京现代文明的缩影

古都烟华今犹在

六朝古都绝非虚名,不管是故宫、天坛,还是颐和园、十三陵,哪个说起来不是气魄非凡?走在繁华的大街上,看着那些流光溢彩的摩天大楼与古香古色的历史建筑,昔日繁华之都依旧,感觉自己是走进了时光隧道。

爱上北京

不到长城非好汉

"不到长城非好汉"的感慨让世人知道了长城。站在长城上,不论是春花秋月、夏云冬雪,还是长城内外苍茫的燕山、连天的野草,都有一股浓重的思古幽情。它传承着中国龙的精神,闪耀着中华儿女的智慧。

老北京的文艺气息

很多人都深爱着北京这座城市，爱它的都市快节奏，爱它的时尚感，爱它的庄严和凝重，更爱它那浓厚的文艺气息。找个闲暇的日子漫步于什刹海、烟袋斜街、南锣鼓巷，或躲在一隅静坐闲聊，或站在地下通道静听街头歌手慵懒的歌声，或悠悠地在迷宫般的街巷中闲逛，沉浸在文艺气息中，不忍离去。

银装素裹的首都

冬天的北京，下一场雪，便让人惊艳，无声的落雪，将故都的铅华洗净，为庄重的故都添上几分温柔。故宫的雪，雍容而悠远；颐和园的雪，宁静而富有诗意；长城的雪，壮观而凝重。

北京 每月亮点

1月（寒冬时节）
游玩推荐：泡温泉
地点：昌平区小汤山镇各大温泉度假村

2月（农历正月初一至正月十九）
游玩推荐：白云观庙会
地点：白云观

3月（农历正月二十三日至二月初一）
游玩推荐：大愿祈祷法会
地点：雍和宫

4月（4月中下旬）
游玩推荐：北京国际电影节
地点：各大电影院

5月（4月23日至6月）
游玩推荐：北京阅读季
地点：大型书城、特色书店等

6月（端午节）
游玩推荐：端午节庆
地点：北京各大公园

7月（7月中下旬）
游玩推荐：北京农园节
地点：通州区

8月（暑假期间）
游玩推荐：博物馆之旅
地点：北京地区博物馆

9月（九、十月份）
游玩推荐：老舍戏剧节
地点：各大演艺空间

10月（"十一"期间）
游玩推荐：国庆花坛造景
地点：天安门广场

11月（每年10月中旬至11月中旬）
游玩推荐：香山红叶节
地点：香山公园

12月（12月至次年2月）
游玩推荐：北京冰雪文化旅游季
地点：北京冬奥公园、各大滑雪场

人口：约 2184.3 万（2022 年）
面积：约 16410 平方千米
民族：北京以汉族人口最多，其他 55 个民族均有分布。

北京地理

地形

北京市雄踞华北大平原北端。北京的西部、北部和东北部，群山环绕，东南部是缓缓向渤海倾斜的大平原。五大河贯穿北京市，主要是东部的泃河、潮白河、北运河，西部的永定河和拒马河。北京的地势是西北高、东南低。西部是太行山余脉的西山，北部是燕山山脉的军都山，两山在南口关沟相交，形成一个向东南部展开的半圆形大山弯，人们称之为"北京弯"。综观北京地形，依山襟海，形势雄伟。

气候

北京市属典型的暖温带半湿润大陆性季风气候。四季分明，风向、气温、降雨有明显的季节变化，夏季炎热多雨，冬季寒冷干燥，春、秋季较短。北京春季多晴少雨，干燥有风沙。夏季 6—9 月为高温季节，前一阶段雨水少，天气干热，后一阶段进入雨季，相对湿度迅速升高，闷热天气较常见。秋季不冷不热，是全年最好的季节，但时间较短。冬季严冬期将近三个月。北京降水的季节分布很不均匀，其中 75% 集中在夏季。

北京
历史

远古时期

  距今 70 万年至 20 万年的北京人，生活在远古北京周口店，属于直立人，会使用天然火、打制石器。

  山顶洞人，属于晚期智人，因被发现于北京市周口店龙骨山北京人遗址顶部的山顶洞而得名，他们已会人工取火，主要靠狩猎为生。

秦汉时期

  秦始皇统一天下后，曾下令在北边修筑长城，将原来秦、赵、燕三国在北部边塞的防御城墙连接起来，号称"万里长城"。

  汉高祖五年（前 202 年），将蓟县（今北京）划为燕国的辖地。

辽金时期

  辽太宗会同元年（938 年），北京被封为南京，又称为燕京，作为辽代的陪都。

  金世宗大定十九年（1179 年），仿照北宋汴梁的艮岳建造了大宁宫（今北海公园一带）。

元代时期

　　元世祖至元元年（1264年）改称中都路大兴府，至元九年（1272年），中都大兴府正式改名为大都路，也就是元大都。

　　大德十年（1306年），北京国子监开始动工，一开始被称为北平郡学，是当时国家最高学府及教育行政管理机构。

明清时期

　　大都路于明洪武元年（1368年）改称为北平府，燕王朱棣经靖难之役后夺得皇位，于永乐元年（1403年）以北平为北京，以"顺应天意"之意改北平府为顺天府。

　　清兵入关后即进驻北京，也称北京为京师顺天府，属直隶省。

近现代

　　1937年7月7日，七七事变在北平（今北京）的卢沟桥爆发，中国军队打响了全面抗战的第一枪。

　　1949年1月31日，北平和平解放。同年北平重新更名为北京。

　　1949年10月1日，中华人民共和国在北京天安门广场宣布成立。

北京 美食

烤鸭

色泽红艳，肉质细嫩，味道醇厚，肥而不腻，被誉为"天下美味"。

哪里吃： 北京有很多知名的烤鸭店，其中全聚德、便宜坊、四季民福最为人称道。这几个品牌连锁店铺很多，可根据位置自行选择。

涮羊肉

正宗的涮羊肉一般使用传统的大铜锅、旺炭火，讲究的是选料精细鲜嫩，肉片薄厚均匀，调料多样味美，涮肉醇香不膻，涮后即食。羊肉香味纯正，鲜嫩可口。

哪里吃： 北京市东城区王府井大街198号，有一家东来顺的分店，他们家的涮羊肉具有选料精、糖蒜脆、调料香、火锅旺四大特点。

北京概览

炒肝

北京地区传统名吃，以猪的肝脏、大肠等为主料，以蒜等为辅料，用淀粉勾芡做成。具有汤汁油亮酱红、肝香肠肥、味浓不腻、稀而不澥的特点。

哪里吃：位于北京市东城区鼓楼东大街311号（钟楼湾胡同东南角）的姚记炒肝店（鼓楼分店），这里的炒肝非常地道。

炸酱面

老北京的一道传统小吃，由菜码、炸酱拌面条而成，面之韧与酱之香完全融合在一起，筋道爽滑，酱香浓郁。

哪里吃：擅长做老北京炸酱面的餐馆有很多，其中海碗居的炸酱面非常美味，值得尝试。海碗居是一个连锁店，可以选择就近位置的店铺进行品尝。

驴打滚

盛行于北京的一种风味小吃，呈金黄色，豆香馅甜，别具风味。因其最后制作工序中撒上的黄豆面，犹如老北京郊外野驴撒欢打滚时扬起的阵阵黄土，因此而得名"驴打滚"。

哪里吃：北京的很多饭店都有这款风味小吃，如果想吃到正宗的驴打滚，可以考虑遍布京城的小吃连锁店——护国寺小吃。比较繁华一点的街头均可找到。

遇见
新奇物事

景泰蓝

景泰蓝是北京著名的传统手工艺品，又名"铜胎掐丝珐琅"，俗名"珐蓝"，是一种将各种颜色的珐琅附在铜胎上，烧制而成的瑰丽多彩的工艺美术品。因其在明朝景泰年间盛行，制作技艺比较成熟，使用的珐琅釉多以蓝色为主，故得名"景泰蓝"。

京剧脸谱

京剧的一大特点就是在人的脸上涂上某种颜色以象征这个角色的性格、特征及命运，可以帮助观众理解剧情。每个角色都有自己的一套画法，这就是我们所说的脸谱。在北京，你能看到很多有关脸谱的工艺品，带上一件回家，不枉来京城走一遭。

北京概览 I

遛鸟

北京人的一种生活情趣。天刚蒙蒙亮，遛鸟人手里提着鸟笼，笼外罩着布罩，慢慢地散步，时不时轻轻地把鸟笼前后摇晃着，这就是"遛鸟"。遛鸟儿之余，鸟迷们多会到附近茶馆品茗小憩，把各自的鸟笼子挂在茶馆门前。

抖空竹

一般以竹木为材料制成，因中空而得名。北京空竹有自己的特点和风格，抖空竹的花样至少有几百种，有单人单竹、两人单竹、两人双竹、四人一竹等玩法，令人眼花缭乱、目不暇接。

吹糖人

旧时北京的一个行当。吹糖人的师傅通常从货架的小铁锅中，挖出拇指大小的一块糖稀，通过揉、捏、拉、摁等动作，轻轻一吹，糖稀膨胀起来。现在我们在北京一些公园里和特色小吃店里也能看到。

领略
恢宏建筑

故宫角楼

　　一座四面凸字形平面组合的多角建筑，造型奇特多姿，十字形屋脊，重檐三层，多角交错，黄色琉璃瓦顶和鎏金宝顶在阳光下闪烁发光。角楼集精巧的建筑结构和精湛的建筑艺术于一身，檐角秀丽，造型玲珑别致，成为紫禁城的标志。

鸟巢

　　2008年北京奥运会的主体育场，现已成为地标性的体育建筑和奥运遗产。高低起伏的波动基座给了它戏剧化的弧形外观，汇聚成网格状的构架，外观看上去就仿若树枝织成的鸟巢，其灰色矿质般的钢网以透明的膜材料覆盖，其中包含着一个土红色的碗状体育场看台。

中央电视台总部大楼

　　中央电视台总部大楼主楼的两座塔楼双向内倾斜6度，在163米以上由"L"形悬臂结构连为一体，建筑外表面的玻璃幕墙由强烈的不规则几何图案组成，造型独特、结构新颖，视觉冲击力巨大，曾入选《时代周刊》评出的"世界十大建筑奇迹"。

北京概览

水立方

2008 年北京奥运会的主游泳馆,是北京的标志性建筑之一,外观如同一个冰晶状的立方体,外面由 3000 多个 ETFE 材料制成的不规则蓝色粗状气枕覆盖,这种材料能为场馆内带来更多的自然光。它的内部是一个多层楼建筑,对称排列的大看台视野开阔,馆内乳白色的建筑与碧蓝的水池相映成趣。

天坛祈年殿

天坛的主体建筑,又称祈谷殿,是一座鎏金宝顶、蓝瓦红柱、金碧辉煌的彩绘三层重檐圆形大殿。祈年殿内有 28 根金丝楠木大柱,里圈的 4 根寓意春夏秋冬四季,中间一圈 12 根寓意 12 个月,最外一圈 12 根寓意十二时辰及周天星宿。

中国尊

一般指北京中信大厦,位于北京商务中心核心区域,楼总高达到 528 米,是北京最高的地标性建筑,还有世界首创的服务高度超 500 米的跃层电梯,2014 年被评为"中国当代十大建筑"。

北京
首行四日经典之旅

DAY 1
早晨到天安门广场看升旗仪式，之后游览天安门广场，然后去代表北京皇家气息的故宫细细品味。晚上可逛一下王府井步行街，看看长安街的夜景。

DAY 2
游览郊区的八达岭长城和明十三陵。回北京市区后，晚上可逛大栅栏，购物，吃北京烤鸭，或去老舍茶馆看民俗演出。

DAY 3
游览代表现代北京的奥林匹克公园，另外还有中华民族园、中国科技馆等景点。晚上则可去南锣鼓巷体验北京夜生活。

DAY 4
游览代表北京市民生活的什刹海，可荡舟摇橹，可品尝北京传统小吃，可逛著名的烟袋斜街，更可钻胡同访四合院。下午可去北海公园游览，或者在附近的南锣鼓巷淘自己喜欢的宝贝。

北京
历史文化六日深度之旅

天安门广场 — 前门 — 故宫 — 景山公园 — 天坛 — 雍和宫 — 孔庙和国子监 — 簋街 — 恭王府 — 什刹海 — 南锣鼓巷 — 钟鼓楼 — 后海酒吧街 — 圆明园 — 鸟巢 — 水立方 — 清华大学 — 北京大学 — 颐和园 — 八达岭长城 — 明十三陵

DAY 1

早晨前往天安门广场,要是想看升旗仪式的话一定要赶早。看过人民英雄纪念碑、毛主席纪念堂、人民大会堂等建筑后,可以去前门大街吃午饭。下午前往故宫游览,之后可以前往景山公园俯瞰故宫全景。如果还有体力,可以去长安街看看夜景。

DAY 2

上午前往天坛参观,下午前往雍和宫游览,参观完雍和宫后,可以去街对面的孔庙和国子监。逛完了景点,晚上可以到簋街附近吃大餐。

DAY 3

上午前往恭王府游览。吃过午饭后便可到什刹海游玩,顺便欣赏下钟鼓楼,之后可以去南锣鼓巷瞧瞧,晚上可以到后海享受夜景,去体验那里的酒吧文化。

DAY 4

上午前往圆明园,圆明园景区面积较大,所以最好拿出半天的时间来游览。下午可以去清华大学走一走(带上身份证以备检查)。如果还有体力的话,晚上可以到鸟巢、水立方欣赏夜景。

DAY 5

上午先去颐和园游览观赏,下午可以去北京大学校园里领略一下浓厚的文化氛围,建议从东南门进入(需要登记证件),一路向西可以游览图书馆、未名湖、博雅塔、蔡元培像等景点,最后从出镜率超高的北大西门离开。

DAY 6

前往八达岭登长城,如果游览完八达岭之后,体力、时间还富裕的话,可以去明十三陵进行参观。建议优先游览定陵,如果还有时间可以去看看长陵。

六朝古都
见证我国悠久历史

　　北京是世界历史文化名城和古都之一，自公元 938 年作为辽代的陪都起，至今已有 1000 多年的建都史。在作为都城的漫长历史中，各个朝代的帝王都对古都北京进行了精心规划和设计，建设了一系列具有象征意义的城市建筑，尤其是在明清两代，建了故宫、四坛、大量的皇家园林等，使古都北京的城市布局更加完善、威严，同时也更加具有神秘色彩。

　　古京城是按照中国古代传统文化——《周易》理论进行规划和设计的。功能各异的外城、内城、皇城、宫城层层外扩、环环紧扣，其中宫城居全城中心，前朝后市，左祖右社；按《周易》先天八卦理论所设计和建造的天坛、地坛、日坛、月坛，则位于内城之外的南北东西四个方位上；加上分布在各处的皇家园林和帝陵等，使得古都北京更加具有皇家风范。

天安门广场
中华人民共和国的象征

　　天安门广场是世界上最大的广场之一，1949年10月1日，这里举行了中华人民共和国的开国大典，它由此被设计入国徽，并成了中华人民共和国的象征之一。

　　全球只有极少数城市像北京一样长时间作为一个国家的政治和文化中心。自新中国诞生之日起北京就是中国的首都，天安门广场上的人民英雄纪念碑高高耸立，纪念碑南侧的毛主席纪念堂则是一代伟人安眠的地方，广场西侧的人民大会堂是全国人民代表大会常务委员会所在地，广场东侧的国家博物馆则汇聚了中华五千年历史文化的精华，而广场北方宏伟的紫禁城则是享誉世界的宫殿建筑群。

四合院和胡同
了解北京的窗口

　　四合院是中国的一种传统合院式建筑，也是北京独具特色的建筑之一。自元代正式建都北京、大规模规划建设都城时起，四合院就与北京的宫殿、衙署、街区、坊巷和胡同同时出现了。之所以叫"四合院"，是因为这种民居有正房（北房）、倒座（南座）、东厢房和西厢房四座房屋在四面围合，形成一个"口"字形，里面是一个中心庭院。老北京四合院形制规整，在全国各种各样的合院中最具典型性。

东西耳房：正房旁边加盖的小房屋，进深、高度都偏小，多用来做库房或厨房。

后罩房：是四合院建筑中正房后面与正房平行的一排房屋，位于四合院中最后一进院子里，比较隐秘，一般是女儿和女佣等女眷居住之地。

正房：位于四合院的中心位置，房屋的开间、进深都较大，台基较高，一般为四合院主人的居住场所。

东西厢房：厢房开间、进深较小，台基也较矮，在古代是房主儿子居住的地方，长子住东厢，次子住西厢。

内院：内院属于私密区域，外人一般不得入内，多配置有荷花缸、盆花等，构成了一幅有趣的庭院图景。

垂花门：是内宅与外宅的分界线和唯一通道，也是四合院中装饰最繁华的一道门。

游廊：既可供人行走，又可供人休憩小坐，观赏院内景致。

倒座：是四合院里跟正房相对的房屋，是佣人居住的地方。

四合院的建筑色彩：多采用材料本身的颜色，青砖灰瓦，玉阶丹楹，墙体磨砖对缝，工艺考究。

宅门：整个四合院的大门，临街而建，平时宅门一关，四合院便处于一种完全封闭状态。

长城
古老城墙似巨龙

长城西起嘉峪关,东到辽宁虎山,全长约 21196 千米,是我国古代劳动人民创造的伟大奇迹,被列为世界七大奇迹之一。作为防御工事,长城与古都北京有着千丝万缕的关系。

北京地区的长城以明长城为主,八达岭长城是明长城的典范,居庸关是万里长城上著名的军事古关之一,慕田峪长城是明朝万里长城的精华所在,享有"万里长城慕田峪独秀"的美誉。还有那些仍保持着原貌的古北口、司马台、箭扣、金山岭长城等,都非常具有沧桑感,而残破的城墙和弹眼更是让人仿佛置身于那战火纷飞的年代。

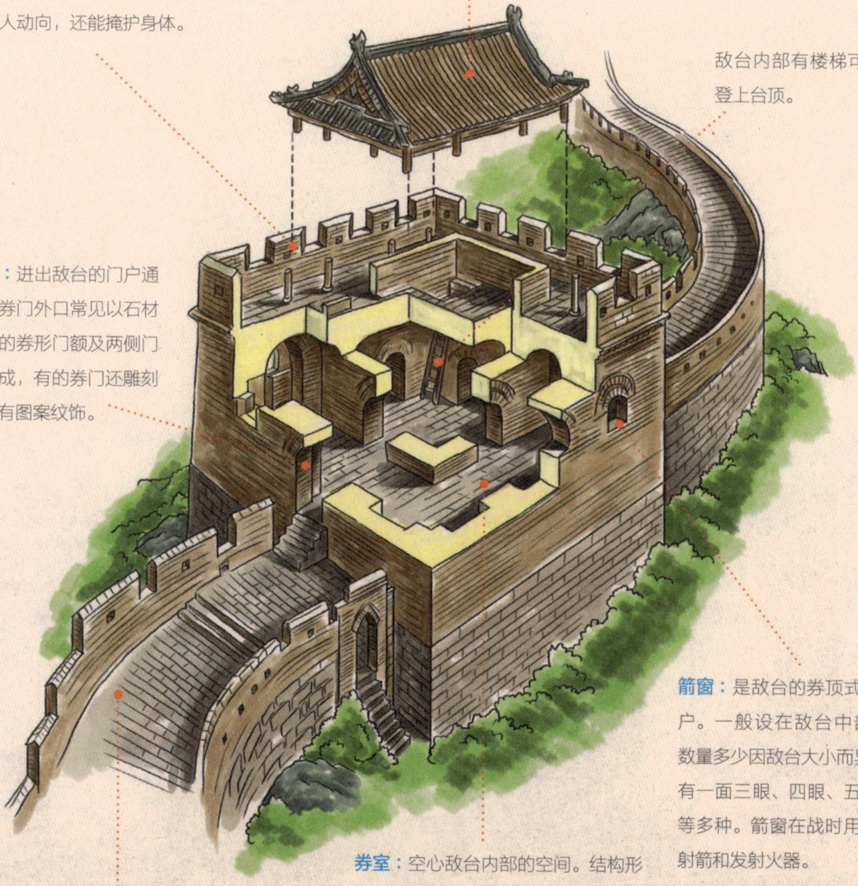

铺房:也称望楼、楼橹。建于敌楼顶部,供守城士兵巡逻放哨、遮风避雨之用。建筑形式多为一间或三开间的硬山顶房屋,也有比较精美的歇山式屋顶。

抵御外敌的垛口旁有小窥孔,透过窥口看敌人动向,还能掩护身体。

敌台内部有楼梯可登上台顶。

券门:进出敌台的门户通道,券门外口常见以石材雕凿的券形门额及两侧门柱组成,有的券门还雕刻装饰有图案纹饰。

箭窗:是敌台的券顶式窗户。一般设在敌台中部,数量多少因敌台大小而异,有一面三眼、四眼、五眼等多种。箭窗在战时用以射箭和发射火器。

券室:空心敌台内部的空间。结构形式多种多样,最多见的是砖券而成的"田"字形券室空间,是供驻守士卒生活、战守、存放粮秣武器的地方。

马道铺砖,顺应坡度设有阶梯,方便士兵上下。

中关村
中国的科研创新高地

中关村，即中关村国家自主创新示范区，是中国高科技产业中心，是中国第一个国家级高新技术产业开发区、第一个国家自主创新示范区、第一个国家级人才特区，是我国体制机制创新的试验田。

中关村有一区多园的空间格局，其中包含了海淀园、丰台园、昌平园、电子城、亦庄园、德胜园、雍和园、石景山园、通州园、大兴生物医药基地十个园区。这些园区覆盖了北京市科技、智力、人才和信息资源最密集的区域，园区内有清华大学、北京大学等高科院校30多所，培养出以联想的柳传志、百度的李彦宏、博奥生物的程京、中星微电子的邓中翰、碧水源的文剑平、神雾热能的吴道洪等为代表的一批国内外有影响的企业家。

与此同时，中关村围绕国家的战略需求和北京市社会经济发展的需要，取得了大量的关键技术突破和创新成果，涌现出汉卡、汉字激光照排、超级计算机、非典和人用禽流感疫苗等一大批重大科技创新成果，为航天、三峡工程和青藏铁路等国家重大建设项目实施提供了强有力的支撑，中关村企业获得国家科技进步一等奖超过50项。

经过多年的发展建设，中关村已经聚集大量的高新技术企业，形成了下一代互联网、移动互联网和新一代移动通信、卫星应用、生物和健康、节能环保、轨道交通六大优势产业集群，集成电路、新材料、高端装备与通用航空、新能源和新能源汽车四大潜力产业集群和高端发展的现代服务业，成为首都跨行政区的高端产业功能区。

读懂北京 |

奥林匹克公园
第 29 届奥运会的"后花园"

　　奥林匹克公园位于北京市北四环中路的北侧,一直延伸到北五环的外侧,是北京 2008 年奥运会的主要举办地,这里有众多的奥运会比赛场馆和一座规模庞大的奥林匹克森林公园,是北京市旅游的地标性区域。

　　在奥运会给我们留下的各种有形无形的财富中,奥运场馆无疑是最显眼的部分。

　　国家体育场"鸟巢"是 2008 年北京奥运会的主体育场,盘根错节的体育场立面与几何体的建筑基座合二为一,如同"树和树根"组成了一个体量庞大的建筑编织体,外观如同孕育生命的巢,更像一个摇篮,被誉为"第四代体育馆"。"鸟巢"见证的不仅仅是人类 21 世纪在建筑与人居环境领域的不懈追求,也见证着中国这个东方文明古国不断走向开放的历史进程。

　　国家游泳中心"水立方"是 2008 年奥运会的主游泳馆,它的外形是根据细胞排列形式和肥皂泡天然结构设计而成的,这种形态在建筑结构中从来没有出现过,创意十分奇特。奥运会过后,水立方和鸟巢已成为北京市的新地标。

　　2008 年,北京奥运会的成功举办又一次把北京这个古老而又现代的文明城市推向了世界人民的面前。激情和梦想齐飞,奋斗与超越同在。盛会虽然很快过去,奥林匹克圣火却永远在每一个中国人心中燃烧。北京奥运会,不仅为我们留下了丰富的物质遗产,更留下了宝贵的精神遗产;不仅促进了中国竞技体育的新跨越和不同文明之间的交流,更促进了世界对中国的认识。

高校林立
浓浓书墨香

　　城市和大学，是彼此的荣耀和历史的见证者，鳞次栉比的校园建筑，像是北京一张张雅致而厚重的名片。

　　北京是全国高等院校的中心，聚集了全国数量最多的著名高校。据统计，北京市共有普通高等院校80多所，其中包括北京大学、清华大学、中国人民大学、北京师范大学、北京航空航天大学、北京理工大学、中国农业大学等全国著名的学府。北京还拥有世界第三、亚洲第一大图书馆——中国国家图书馆，中国科学院图书馆、北京大学图书馆也跻身全国五大图书馆之列。

　　同时，北京还是全国最大的科学技术研究基地，有中国科学院、中国工程院等科学研究机构和北京中关村科技园区，每年获国家奖励的成果占全国的三分之一，并见证了联想集团、方正集团及四通集团等一大批高新技术企业从这里走向世界的历程。

读懂北京

CBD
北京现代文明的缩影

如果说天安门、故宫、颐和园是北京城古朴深沉的一张脸，那么，CBD 就是北京现代文明快速发展的一个缩影，是北京的一张新名片。

CBD 又叫中央商务区，地处北京市长安街、建国门、国贸和燕莎使馆区的汇聚区。

这里是众多世界 500 强企业在中国总部的所在地，也是中央电视台、北京电视台这两家传媒企业的新址；CBD 还是国内众多金融、保险、地产、网络等高端企业的所在地，代表着时代的前沿。同时，CBD 又是无数中小企业创业和成长的摇篮。

面向世界、面向未来的北京，不仅是中国的政治、文化和对外交往中心，还是已经发展成为世界一流的现代化国际大都市。

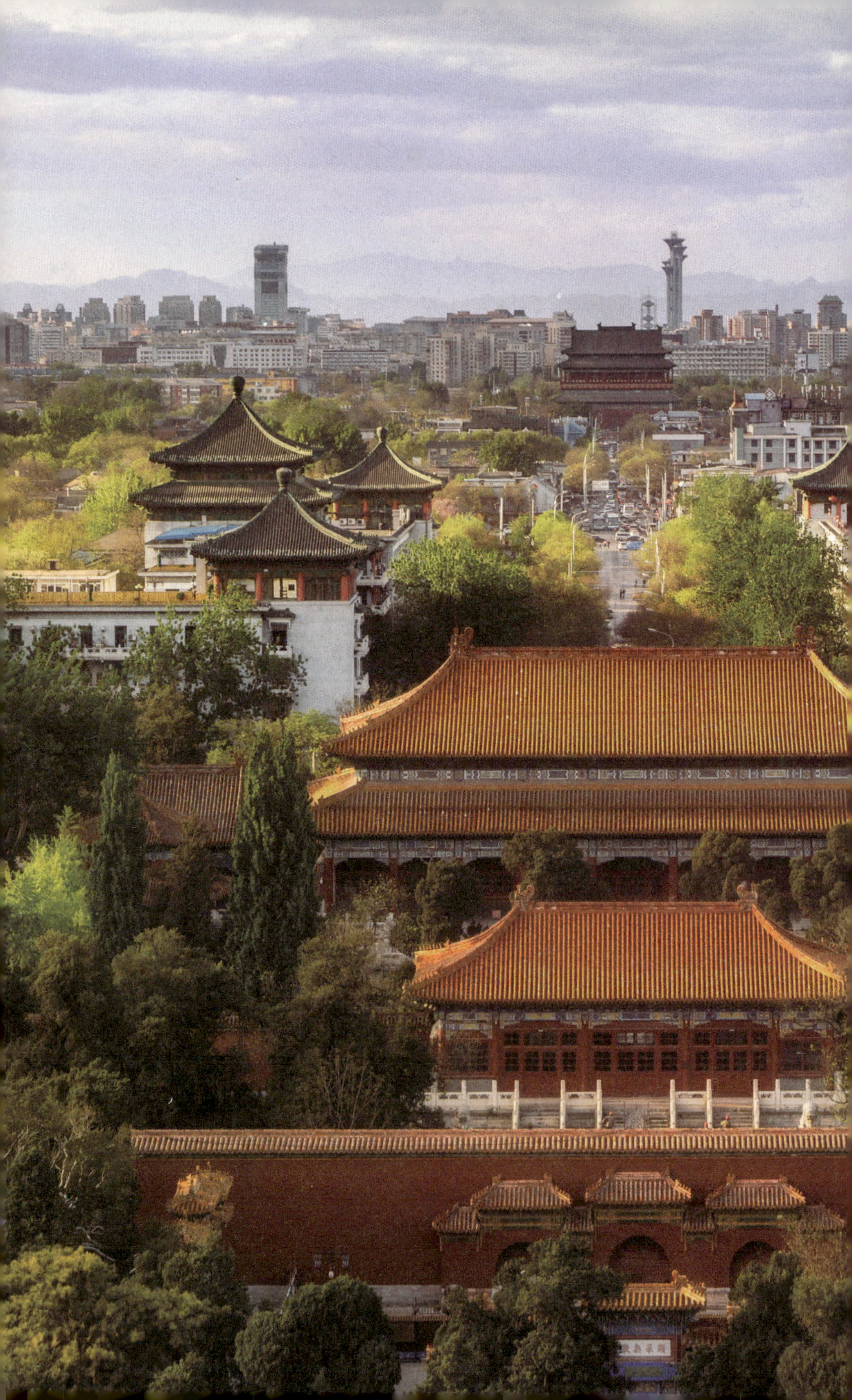

第1章
老城区

故宫
天安门广场及周边
王府井
雍和宫及周边
北海公园
什刹海周边
南锣鼓巷
天坛公园
东四周边

故宫
紫禁皇城流光溢彩

微印象

@沁蓝LY：梦醒时分，大幕落下，看尽世事，洗尽铅华！中华上下五千年的瑰宝大部分都放在这里，伟大而神奇的建筑杰作，来北京一定不能错过故宫。

@cocobaby：用气势恢宏来形容这座皇家帝王建筑群一点不为过，里面的中国古代艺术精品更是数不胜数，常言道"不到长城非好汉"，我却觉得不到故宫便不知中国的历史多么博大精深！

门票和开放时间

门票：旺季（4—10月）60元，淡季（11月至次年3月）40元，钟表馆10元，珍宝馆10元。个人必须通过"故宫博物院"微信小程序预约门票，门票提前7天预售，售完为止，参观前记得提前买票。所有游客须携带预约时使用的有效证件从任意检票口检票入院。未满18周岁的中国公民免费参观，但须预约。

开放时间：4—10月8:30—17:00；11月至次年3月 8:30—16:30，除法定节假日外，全年实行周一全天闭馆。

最佳旅游时间

故宫的景色一年四季各有特色，秋季时秋高气爽，枫叶渐红，银杏铺路，此时旅游最佳。此外，冬季冰雪掩映下的故宫别有一番韵味。

进入景区交通

位置：东城区长安街，天安门内。

故宫博物院实行自南向北单向参观路线：午门（南门）只作为参观入口，观众一律从午门进入故宫；神武门（北门）、东华门（东门）为参观出口。

地铁：乘坐地铁1号线在天安门东站下车（两会或重大外事活动日会闭站，注意听地铁广播，网上也会提前预告）。

景点星级

人文★★★★★　特色★★★★★　休闲★★★★★　美丽★★★★★　浪漫★★★★　刺激★★★

老城区 |

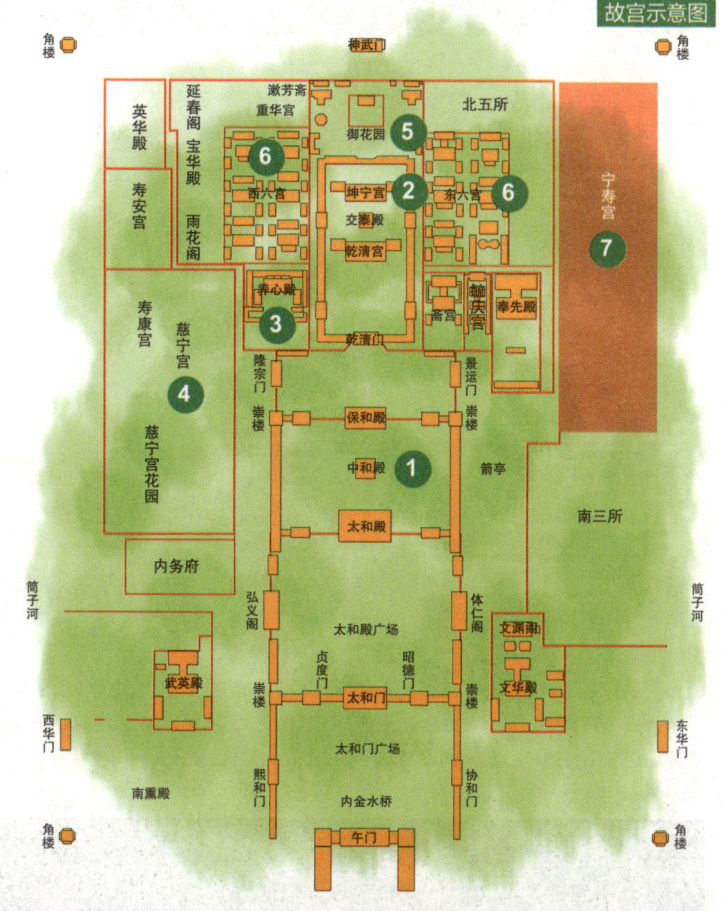

故宫，旧称紫禁城，为"世界五大宫"之一，被列为世界文化遗产。故宫是世界上现存规模最大、保存最完整的木结构古建筑之一。整个皇宫建筑分为南部前朝和北部后廷两部分。前朝有太和、中和、保和三大殿，后廷以乾清宫、交泰殿、坤宁宫为中心。

故宫还是我国收藏最丰富的文物博物院，文物主要来源于明清皇室旧藏，代表中国历史文化艺术的最高水准。现在，故宫收藏有大量古代艺术珍品，其数量达180余万件（套），是中国收藏文物最丰富的博物馆，也是世界著名的古代文化艺术博物馆，其中很多文物是世间罕见的无价国宝。

① 三大殿

三大殿是太和殿、中和殿和保和殿的统称，位于太和门内，是外朝的中心。这三座大殿是故宫中的主要建筑，都建在汉白玉砌成的8米高的工字形基台上，太和在前，中和居中，保和在后，远望犹如神话中的琼楼仙阙。

太和殿俗称"金銮宝殿"，位于故宫的中心区域，是明清两代皇帝举行大典的地方，皇帝即位、生日、婚礼、元旦等都在这里庆祝。太和殿红墙黄瓦、朱楹金扉，在阳光下显得金碧辉煌，是故宫最壮观的建筑，也是中国现存最大的木构殿宇。

中和殿在太和殿后，平面呈方形，四面出廊。每逢皇帝在太和殿举行典礼前，先在此休息，接受官员的跪拜礼。

保和殿在中和殿后，平面长方形，殿内金砖铺地，坐北向南设雕镂金漆宝座，建筑装修与彩绘精细绚丽。明清两代皇帝在此宴请王公大臣。自乾隆后期，这里便成为举行"殿试"的场所。

Follow Me 北京深度游

解说

1. 殿试是科举制度最高一级的考试，一般每三年举行一次，被录取者称进士，前三名为状元、榜眼、探花。
2. 皇帝在去太和殿之前会先在中和殿稍作停留，接受内阁大臣和礼部官员行礼，然后进太和殿举行仪式。另外，皇帝祭祀天地和太庙之前，也要先在这里审阅一下写有祭文的"祝版"；在演耕前，也要在这里审视一下耕具。

点赞

👍 @2012大大木头：红房黄瓦、华丽威严、尊卑分明、井然有序，这里集中了古代建筑大师们非凡的技艺和流传千年的帝皇文化，到北京一定要去体会一番。

👍 @弱水三千 看到了故宫，才认识到什么叫中国文化，那种雄伟和博大是中国人引以为傲的资本，在它面前，语言都只是点缀。

❷ 后三宫

后三宫是故宫内廷的核心，包括乾清宫、交泰殿、坤宁宫等。乾清门为外朝与内廷的分界线。

乾清宫为内廷之首，重檐庑殿顶，殿的正中有宝座，两头有暖阁。乾清宫是明、清两代皇帝的寝宫及平时处理政事的地方，共有16个皇帝曾在此居住。自雍正以后采取秘密建储的方式，即将选定的皇位继承人的密诏封存在建储匣内，置于乾清宫"正大光明"匾的后面，待皇帝死后，取下匣子由秘密指定的皇子即位。

交泰殿在乾清宫后，是皇后每逢大典及生日受贺的地方，也是储放皇帝宝玺的地方。

坤宁宫在交泰殿后，是皇后的寝宫，东暖阁两间为皇帝大婚之所，正统、万历、康熙、同治、光绪五帝均在此举行婚礼。房间内设龙凤喜床，床上挂"百子帐"，铺"百子被"，鲜艳夺目。清顺治十二年（1655年）改建后，这里也是清宫萨满祭祀的场所。

解说

1. 乾清宫的两头有暖阁，西暖阁上下两侧放置了27张床，由皇帝自由选择，据说这样可以防止刺客行刺。
2. 后三宫左右的东西六宫是明清皇帝的嫔妃们居住的地方。慈禧太后做嫔妃时曾在储秀宫住过，执掌政权后又搬回储秀宫居住，为此她曾经大肆修缮过储秀宫，使它成为东西六宫最奢华的宫殿。

老城区 |

❸ 养心殿

养心殿位于内廷乾清宫西侧，是清代皇帝居住和日常理政的地方。养心殿的名字出自孟子的"存其心养其性以事天"。皇帝的宝座设在明间正中，明间东侧的东暖阁内设宝座，向西，这里也曾经是慈禧、慈安两位太后垂帘听政处。明间西侧的西暖阁则分隔为数室，有皇帝批阅奏折、与大臣密谈的小室；有乾隆皇帝的读书处三希堂；还有小佛堂、梅坞，是专为皇帝供佛、休憩的地方。

❹ 慈宁宫

慈宁宫是太后的居所，孝庄皇太后（顺治的母亲、康熙的皇祖母）、孝圣宪皇太后（乾隆的母亲）都先后在这里居住过。顺治、康熙、乾隆三帝以孝出名，慈宁宫经常举行太后庆寿大典。

解说

1. 慈宁宫之南有慈宁宫花园。这里原为明清两代太后、太妃们游玩、礼佛、祭祀先皇之所，现已对外开放。
2. 慈宁宫西侧为寿康宫，曾用于安置先皇留下的嫔妃，现已对外开放。

❺ 御花园

御花园位于紫禁城的中轴线上，明代称其为宫后苑，清代称为御花园。园内主体建筑钦安殿为重檐盝顶式，两侧铺展亭台楼阁。御花园内部种植着青翠的松、柏、竹，其间点缀着山石，形成四季常青的园林景观。

❻ 东西六宫

在后三宫两侧的东西六宫，是后妃居住休息的地方，东六宫是由景仁宫、承乾宫、钟粹宫、景阳宫、永和宫、延禧宫组成，西六宫指永寿宫、翊坤宫、储秀宫、咸福宫、长春宫、启祥宫（太极殿）。

Follow Me 北京深度游

❼ 宁寿宫

处于故宫外东路的宁寿宫是一组规模很大的建筑群,其布局恰如一个小紫禁城。乾隆皇帝为了归政后有颐养天年之所,花费5年时间改扩建成这组建筑,分为前面的宫殿和后面的寝居两部分。著名的九龙壁在宁寿宫正门前;畅音阁是紫禁城内最大的戏台,清代的重大宫庆演出多是在这里进行,其对面阅是楼是皇帝后妃们看戏的包厢。宁寿宫现开辟为珍宝馆。

攻略

故宫可以分为2小时游、半日游、一日游,一般一日游规划路线几乎包括故宫博物院所有开放区域的重要宫殿和展馆。

专题 "火"起来的故宫

近些年,故宫被刷屏。《我在故宫修文物》《国家宝藏》《上新了故宫》等综艺让古老而神秘的故宫被大家熟知,让这座皇家建筑群越来越"火"。

故宫的开放面积从一开始的30%增加到现在的85%,慈宁宫、寿康宫、午门雁翅楼、近四分之三的城墙、南大库家具馆都已经对外开放。在2019年上元之夜,故宫举办"紫禁城上元之夜",让游客第一次能够夜游故宫。

故宫近些年还展出了《清明上河图》《千里江山图》等名画,展品数量也越来越多、越来越精。随之而来的故宫文创让紫禁城也"活"起来,"萌萌哒"故宫御猫、戴墨镜的乾隆、比着剪刀手的雍正、花式朝珠耳机等,打破了故宫威严庄重的印象。

攻略

老城区 |

住宿　驴友力荐的住宿地

故宫周边多是豪华酒店。前门附近有一些经济型的酒店、家庭旅馆，价格相对便宜一些，距离故宫也比较近。

美食　饕餮一族新发现

故宫院内没有什么特色美食，只有一些快餐店，味道一般但价格并不实惠，最好自带食品。或者出东门后去王府井美食街，出北门往东去东四附近，往北去南锣鼓巷，寻觅美食。

购物　又玩又买嗨翻天

故宫博物院内有一些带有北京特色和故宫特点的商品店，北门之东有故宫文创店，游客可以根据自己的喜好购买作为纪念或者作为礼物送给友人。

此外，故宫在天猫商铺设有专门的文创店铺出售故宫周边物品，商品包罗万象，囊括了学习、生活等各个方面，极具特色。如果觉得在故宫内购买纪念品比较麻烦，可以在网上浏览店铺，里面精美的商品一定会让你情不自禁地感慨于设计师们的匠心情怀。

天安门广场及周边

中华人民共和国的象征

微印象

@thirtyjohn：尽管广场上人很多，但是面朝浩浩荡荡的长安街，观赏天安门的磅礴气势，能够体会到首都的特别味道。

@海心\06：北京是祖国的首都，而天安门是北京的心脏，来北京必须要到这里一次，才能体会到中国的伟大。此外，天安门周边的人民大会堂、国家博物馆、毛主席纪念堂也值得一去。

@shizl：第一次到北京必去的地方，几乎每位游客到了北京都要到天安门广场逛一圈，不是因为这里有多好玩，而是想要来感受一下首都的气氛。

门票和开放时间

门票：天安门城楼15元，人民大会堂30元，正阳门20元。

开放时间：天安门城楼8:30—16:30；人民大会堂12月至次年3月9:00—14:00，4—6月8:15—15:00，7—8月7:30—16:00，9—11月8:30—15:00（如没有活动，此时段开放）；毛主席纪念堂平时8:00—12:00，7—8月7:00—11:00，9月9日、12月26日（毛泽东同志逝世、诞辰纪念日）8:00—11:30，14:00—16:00；国家博物馆9:00—17:00（16:00停止入馆）。

进入景区交通

位置：东城区长安街，故宫之南。

地铁：乘地铁1号线到天安门东站或天安门西站下车，乘坐地铁2号线在前门站下车，步行即达。

景点星级

人文★★★★★　　特色★★★★★　　休闲★★★★　　美丽★★★★★　　浪漫★★★　　刺激★★

老城区 I

天安门广场是当今世界上最大的城市中心广场，是国家举行重大庆典、盛大集会和外事迎宾的地方。它北起天安门，南至正阳门，东起中国国家博物馆，西至人民大会堂，南北长880米，东西宽500米，面积达44万平方米，可容纳100万人举行盛大集会。广场中央矗立着人民英雄纪念碑和庄严肃穆的毛主席纪念堂，广场西侧是人民大会堂，东侧是中国国家博物馆，南侧是两座古代城楼——正阳门和前门箭楼，整个广场宏伟壮观、整齐对称、浑然一体、气势磅礴。

天安门广场示意图

❶ 天安门城楼

坐落在广场北端的天安门城楼始建于明永乐十五年（1417年），是明代皇城的正门，当时叫"承天门"，有承天启运之意。在晴朗的天气下，城楼上黄色的琉璃瓦闪耀着灿烂的光辉，朱红的柱子和城台，白色的华表、石栏杆、石狮子，金水桥一一浮现。站在城楼上，放眼望去，人民大会堂、人民英雄纪念碑、毛主席纪念堂、中国国家博物馆，这些现代大建筑气势轩昂地矗立着，使广场呈现出前所未有的新气象，庄严的布局、磅礴的气势，让每一个中国人的自豪感油然而生。

亲子研学

截至2022年，天安门一共举行过16次大阅兵（1949—1959年共11次，1984年、1999年、2009年、2015年、2019年各1次），其中影响较大且最具代表意义的是开国大典，中华人民共和国成立5周年、10周年、35周年、50周年、70周年和2015年9月3日中国人民抗日战争暨世界反法西斯战争胜利70周年纪念日的7次大阅兵。2021年7月1日，中国共产党建党100周年庆祝大会也在天安门隆重举行。

攻略

1.天安门城楼前有金水桥，在此桥上可拍摄天安门城楼的近景和毛主席像，以及雕刻的特写。

2.天安门广场的升旗仪式也是北京一道独特而亮丽的风景线，可以拍摄升国旗仪式的场面，以此作为纪念，也可以把镜头朝向观看升国旗仪式的人群，捕捉表现观众拳拳爱国心的真实场面。

Follow Me 北京深度游

❷ 人民英雄纪念碑

人民英雄纪念碑位于天安门广场的正中央，碑高37.94米，碑基3000多平方米，是中国历史上最大的纪念碑。正面碑心是坚硬的花岗岩，周围是美观朴素的双层汉白玉栏杆，碑上刻着毛主席亲笔题写的"人民英雄永垂不朽"八个金箔大字，还有反映中国现代史进程的八幅大型浮雕，是世界上稀有的巨型浮雕之一。

攻略

1.每年"五一"和"十一"期间，广场上会摆放花坛，几十万盆花摆放成各种精美的造型，每年主题不同，是拍摄的极佳景观。

2.天安门广场也是北京市民休闲的场所，也有很多外地游客慕名到此游览。在重大节日中，广场可能有集会、摆放花坛或阅兵。

3.天安门广场每个月的1号及重大节日时都会举行大型的升旗仪式，届时会有军乐队现场伴奏。其余时间均为普通的升旗仪式，其升旗时间随着季节变化而变化，具体时间可登录天安门地区管理委员会的官网查询。

❸ 毛主席纪念堂

毛主席纪念堂位于广场南侧，整个建筑坐落在枣红色花岗岩砌成的高大基座上。纪念堂分北厅、瞻仰厅和南厅三部分，毛主席的遗体就安放在瞻仰厅内的水晶棺中，周围是全国各地送来的名贵花草，北厅上层还陈列有毛泽东、周恩来等开国元勋的革命事迹。

攻略

1. 参观毛主席纪念堂时必须寄存随身小包，并通过安全检查，瞻仰时一定要保持肃静。
2. 广场上遇到散发小广告或推销纪念品的人员要谨慎对待。
3. 天安门广场东西两侧的车行道均为单行道，乘公交时选择下车点，要注意这一点。从地铁二号线前门站A口出，前往毛主席纪念堂徒步距离最短。

④ 正阳门

正阳门又名前门，位于广场南端，初建于明永乐十八年（1420年），有瓮城和箭楼。正阳门与天安门南北相对，是北京内城九门中的正门，建有三重飞檐、二层阁楼，通高42米，历史上只有皇辇宫车可以从此门出入。

⑤ 前门大街

前门大街位于正阳门南侧，自古就是北京最著名的商业街。如今也有多家老字号餐馆、店铺，还有各地的小吃汇集，适合逛街购物、享用美食。另外，街上建筑都仿明清，搭配牌坊、老招牌、红灯笼等，很有老北京的味道。

广和楼，是前门大街不可不看的一处景观，这里保存着老北京对梨园文化最初的记忆。广和楼建于明末，与华乐楼、广德楼、第一舞台并称为京城四大戏园。它本是京津一代的巨富查氏私家花园里的戏楼，叫"查楼"。康熙年间改成了对外营业的茶园，初名查家茶楼、查家楼，后改称广和茶楼。康熙曾到此看戏，并赐台联，一时间风光无限。直至民国，它一直是北京著名的演出场所，长年有京剧戏班在此演出，梅兰芳、周信芳、马连良等名角都曾在此登台献艺。

Follow Me 北京深度游

攻略

1. 游览前门大街，不要错过享用这里的美食，如月盛斋酱肉、全聚德烤鸭、都一处烧麦等。
2. 除了老字号餐馆之外，前门大街和附近的胡同里也有如瑞蚨祥、北京照相机总厂、中国冠帽文化博物馆等老字号店铺和老建筑，可以进入参观。另有各类的茶馆，里面往往有相声、评书等传统艺术表演，可以走进胡同——游玩。
3. 前门大街的主街上还有观光小火车可以乘坐，这种小火车历史悠久，名叫铛铛车，全程几百米，票价约20元，适合带着小朋友前去乘坐。前门步行街两侧的大栅栏、鲜鱼口等胡同宝藏店铺不少，可以重点游玩。
4. 位于前门大街步行街18号的北京杜莎夫人蜡像馆，是来自于英国伦敦的百年国际品牌。在这里不仅能与世界名人零距离互动和合影，还能参与许多精彩好玩的互动游戏，在东西方传统文化与现代艺术的碰撞交融中，完成一次中轴线上的巨星之旅。

亲子研学

长安街是北京市的东西轴线，是明代时与皇城一起建设的。长安街以天安门城楼为界分东西两段，东至东单牌楼，西至西单牌楼，全长3.7千米，有十里长街之称。如今的长安街是我国最宽的街道，全长46千米，号称百里长街。

长安街上的多处古建名胜在世界上享有盛名。从天安门向东，路南依次是中国国家博物馆、公安部、纺织工业总会、长安大厦、商务部，路北依次是劳动人民文化宫、北京饭店、东方广场。从天安门向西，路南依次是人民大会堂、国家大剧院、国家电网公司、时代广场，路北依次是新华门、北京电报大楼、民航营业大厅、西单图书大厦和西单文化广场。

❻ 中国国家博物馆

中国国家博物馆位于天安门广场东侧，由中国革命博物馆和中国历史博物馆合并而成，扩建后的中国国家博物馆已成为世界上单体建筑面积最大的博物馆。

博物馆内馆藏文物品种极为丰富，以历史与艺术为主，系统展示了中华民族的悠久文化历史，著名文物有商后母戊鼎、四羊方尊、金缕玉衣、三星堆突目铜面具、吴王夫差剑、人面鱼形纹彩陶盆等。

点赞

👍 @田蓝星：真不愧为国家博物馆，博物馆内庄严气派，陈列了各式各样的稀世宝物，大开眼界了。

👍 @饭桶妹：博物馆是免费开放的，场馆很大，展品是分年代排列的，从远古到现在，很生动。还有专门的工作人员会从头到尾为参观者讲解，很长知识。

老城区 |

❼ 人民大会堂

人民大会堂位于广场西侧，西长安街南侧，内有著名的万人大会堂和宴会厅。大会堂的正面有 12 根大理石门柱，每根高达 25 米；中央大厅为桃红色大理石地面和汉白玉石柱，顶部挂着水晶玻璃花灯；中央大厅后面是万人大礼堂，礼堂装饰典雅，各种星灯在上空交相辉映；大会堂的北部是可容纳 5000 个席位的宴会厅，大如足球场，其装饰简约大气。

攻略

1. 参观人民大会堂不能带包进入，大会堂南门东侧设有存包处。
2. 大会堂开放的地方厅有北京厅、湖南厅、上海厅、广东厅、四川厅、辽宁厅、台湾厅、香港厅、澳门厅。
3. 国家大剧院在人民大会堂的西侧，可一并游览。

❽ 国家大剧院

国家大剧院位于北京市心脏地带，西长安街沿线，与人民大会堂和天安门广场相邻，中心建筑为独特的壳体造型，壳体表面由 18398 块钛金属板和 1226 多块超白玻璃巧妙拼接，营造出舞台帷幕徐徐拉开的视觉效果。壳体倒映在一旁人工湖的湖面上，周围绿树成荫，构成了一幅梦幻的戏剧画面。

国家大剧院北入口与地铁天安门西站相连，在入口处设有售票厅，走过波光粼粼、梦幻仙境般的 80 米水下长廊，从橄榄厅乘扶梯而上便进入了大剧院内部的公共大厅，三个专业剧场顿时展现于眼前：中间为歌剧院，东侧为音乐厅，西侧为戏剧场。三个剧场既相对独立又可通过空中走廊相互连通。歌剧院 2079 席（不包括乐池），主要演出歌剧、舞剧等；音乐厅 1859 席（包括合唱区），用于演奏大型交响乐和民族乐；戏剧场 957 席（不包括乐池），以上演戏曲、话剧等为主。

链接

在国家大剧院内，除了三大专业剧场和一个试验小剧场以外，还设有水下长廊、展厅、橄榄厅、图书资料中心、新闻发布厅、天台活动区、纪念品店、咖啡厅等为丰富大众文化生活而创造的活动区域，可谓展现大剧院无限魅力的"第五空间"。徘徊其中，你将会感受艺术的陶冶，获得精神上的愉悦。

# Follow Me 北京深度游

专题
早起看升国旗

每天清晨，在日出的那一刻，天安门广场便开始举行升国旗仪式，恢宏壮观，吸引了无数人前来观看，这也是来北京旅游的游客"必选"项目之一，尤其是国庆期间，升旗仪式尤其庄严隆重。

天安门广场升国旗仪式分为节日升旗仪式和平日升旗仪式，每年元旦、春节、国际劳动节、国庆节和每月1、11、21日实施节日升旗仪式。节日升旗仪式由武警国旗护卫队38人、军乐团62人实施，行进时吹奏《歌唱祖国》，升旗时吹奏国歌。其他时间为平日升旗仪式，平日升旗仪式由国旗护卫队38人实施，升旗时播放国歌。降旗仪式由国旗护卫队单独执行，没有音乐。

从理论上讲，升旗时间是日出的时刻，降旗时间是日落时刻，无论刮风下雨，每天的仪式都风雨无阻地进行，观众可以从《北京晚报》等北京媒体上看到第二天的升旗、降旗时间，以便安排时间，提前到达并找到一个好的位置。

拍摄升旗、降旗的最佳位置是国旗警戒区的东南、西南两个角，因为国旗护卫队是从天安门正中的门洞出来，走过金水桥，到达升旗区域的。如果在广场的北侧边缘、长安街畔拍摄国旗护卫队出来会得天独厚，但升旗的过程会被遮挡；如果站在广场的中轴线上，升旗过程会拍得很全面，但旗杆正好遮挡住护卫队来的方向了。

天安门广场夜间清场封闭，早上一般比升旗时间提前40分钟开放，人们可在升旗前一小时到广场附近等候。广场开放时，群众将由若干名民警引导、护送进入广场，同时，执勤民警会指挥过往车辆停止通行，确保游客顺利从广场东、西侧的机动车道进入广场。观看升旗仪式的群众队伍被安排在旗杆警戒线外，老人和儿童将被安排在前排位置观看。

老城区 |

攻略

住宿　驴友力荐的住宿地

　　天安门是北京市中心，附近的住宿价位很高，前门大街两侧也有许多旅馆，一般酒店的价位都在300—500元/间。想看升旗仪式最好住在前门观旗宾馆（东城区前门东大街18号）、北京人人大酒店（东城区前门东大街16号）、海友宾馆（东城区北极阁头条32号）等。

美食　饕餮一族新发现

　　人民大会堂内的宴会厅每天10:30—13:30会提供快餐，游客可以在里面吃顿饭。
　　天安门广场南面的前门大街和东北面的王府井大街都是著名的老北京商业街，这里汇聚有老北京小吃和全国各地的美食，著名的全聚德烤鸭店在两条街上均有门店，可以前去大快朵颐。

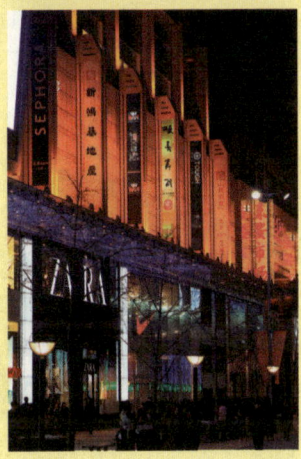

045

王府井
寸土寸金的购物天堂

微印象

@Archer正：王府井大街并不长，中段有一部分是步行街，王府井的特点在于传统的中华老字号与国际品牌的碰撞和融合，这是新兴的商业集合体所不能取代的。还有来了一定要逛逛小吃街，满足了味蕾再离开。

@catcher：北京的王府井步行街还是很大气的。我很喜欢步行街上的一家书店，进去到三楼看了看儿童书，真好！插图很精美，故事也有趣，我要是在这里常住，就天天泡在这里了。回到步行街，走到尽头之前，会看到王府井小吃街，在这里一定会找到你喜欢的美食！

@风往北吹吹也白吹：北京王府井大街上的商场橱窗都焕然一新，给游客一种新的体验和感觉。王府井大街是步行街，游客非常多，在这里逛街，顺道坐着休息，看看商场的橱窗，也是一种享受。

门票和开放时间
门票：免费开放。
开放时间：全天开放。

进入景区交通
位置：东城区东长安街北侧。
地铁：乘坐地铁1号线到王府井站，下车后步行可达。

景点星级
人文★★★　特色★★★★　休闲★★★★　美丽★★★　浪漫★★　刺激★★

老城区 |

　　王府井位于故宫东侧,是指以王府井大街为中心的一片区域。其中,东单三条至灯市口大街段是北京知名的商业步行街——王府井步行街,它是具有数百年悠久历史的著名商业区,在北京享有"金街"的美誉,客流量约60万人/日,节假日超过120万人。它位于市中心的东长安街北侧,具有悠久的历史,最早形成于元代,距今已经有700多年。在明代中期这条大街上出现了最早的商业活动。在清代,这条大街上共建有八座王府和公主府,后来又打出了一口供王府饮用的甜水井。这条大街始称为王府井。到了清光绪二十九年(1903年),东安市场形成,王府井开始向商业街发展,成为北京的四大商业区之一。

　　这里汇集了多家大规模购物中心,是北京的老牌购物胜地。王府井区域有东方新天地、APM、银泰、北京百货大楼等多座大型的购物商场,还有多家百年老字号店铺,能让人感受到浓厚的民俗风情。

① 东方新天地商场

　　东方新天地坐落在目前亚洲最大的综合性商业建筑群之一的东方广场内,连接着金街——王府井商业街和银街——东单商业街。东方新天地现已成为不少知名品牌店开设商铺的首选地点,也成为北京白领、国内外游客购物、就餐、娱乐和休闲的理想场所。这里容纳了300余家品牌店铺,涵盖国际大牌、本地特色品牌及全球风味美食,各有不同的商品定位,适合更多的消费层。另外有餐饮、娱乐、休闲等多种配套设施,使东方新天地在购物的基础上具有更多的功能。

攻略

东方新天地商场有一处喷泉叫东方君悦喷泉,它曾出现在电影《失恋33天》里,女主黄小仙曾在那里体味了把逝去的爱情。喷泉每天21:00开7分钟,情侣们可以去体验一把爱情的浪漫。

② 王府井图书大厦

　　北京市新华书店王府井书店是与共和国同龄的大型文化企业,始建于1949年2月10日,至今已走过70多年的风雨历程,被社会各界誉为"共和国第一店"。王府井书店作为一家大型的现代化书城,营业面积近万平方米,地下两层地上八层,地下一层至地上六层经营图书、音像制品、电子出版物三十余万种,并备有期刊、杂志、文化用品、电子产品等供读者选购。

攻略

从王府井书店往北走一会,路西侧有小吃一条街,里面有各地的美食,街道很窄,但都很有特色。

Follow Me 北京深度游

③ 王府井天主教堂

王府井天主教堂原为北京天主教四堂之一的东堂，由利类思和安文思于清顺治十二年（1655年）创建。

教堂为意大利式建筑，坐东朝西，坐落在青石基上，堂顶立三座十字架，正面开三个门，两侧各有旁门。东堂的内部十分华丽，中间是镏金装饰的讲经台。堂内由18根圆形砖柱支撑，直径为65厘米，柱础为方形，堂内两侧挂着多幅油画。平时可容纳1000多人。东堂正面悬有"庇民大德包中外，尚父宏勋冠古今"的对联，上方有"惠我东方"字样。原院内堂北为惠我女校，堂南、西有教室，东有一院，内有花池、平房、楼房。堂东为一大空地，为惠我女校操场。

攻略

天主教堂在灯光的映衬下很美丽，晚上有很多人在教堂广场外玩滑板、跳舞，也有很多人去那里拍婚纱照。

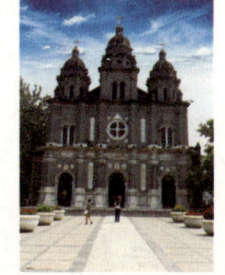

攻 略

住宿　驴友力荐的住宿地

王府井附近住宿的宾馆非常多，各种价位都有，但是由于地理位置的原因，所以大多数酒店的价格都比较高。如果您想尽情享受购物的乐趣，近距离地俯视长安街美丽的夜景，在这里住宿还是一个非常不错的选择。

北京首都大酒店（前门东大街3号）坐落于前门、王府井商业圈内，临近故宫、天坛、景山等著名景点，步行就可到达闻名遐迩的天安门广场，地理位置十分优越。酒店配备各式客房，以故宫景观套房最为闻名，早上可步行至天安门广场观看升旗仪式。

北京香江戴斯酒店（南河沿大街南湾子胡同1号）毗邻王府井，地理位置十分优越。这是一家独立的庭院式酒店，可谓闹中取静。

美食　饕餮一族新发现

品尝美食也算是王府井游玩的重点，在大纱帽胡同北侧有王府井小吃街，再向北一点还有著名的东华门夜市。街上有独具老北京风味的炒肝、爆肚儿、炸灌肠、冰糖葫芦，有天津的煎饼果子、西北的羊杂汤等各地美食，甚至还有炸蝎子、昆虫等重口味食品，感兴趣的可以前去品尝。

除此之外，鳞次栉比的商场里还有很多美食供挑选。速度比萨（东城区王府井大街APM6层）人气真是超级高，这是很多人逛apm时就餐的首选餐厅，食物的味道也都很好；南京大饭店自助餐厅（东城区王府井西街5号南京大饭店1楼）服务温馨周到，刚出炉的糖醋小排非常爽口，三文鱼也很新鲜；313羊庄（东城区东华金街购物中心4层）主打的是羊肉火锅，一进他家的门就会闻到一股扑鼻的羊肉味，锅底里面有红枣、西红柿等；小吊梨汤（东城区王府井大

老城区 |

街88号银泰购物中心3层）装修得古色古香，这里摆放有木桌木椅，等位的时候有小吃可以打发时间。

购物　又玩又买嗨翻天

如今王府井已经跻身国际一流步行街行列，金街里物丰人旺，百年老店、名店、传统商店交错林立，互为衬托，充满传统文化气息。

毫不夸张地说，王府井是购物者的天堂。这条北京最有名的商业街，路西有全国闻名的北京百货大楼，路东有著名的新东安市场，还有工艺美术商店、新华书店、外文书店、中国照相馆、体育用品中心、医药器械商店、王府井购物中心等。这里还汇集了不少老字号和有经营特色的新兴商店，如盛锡福帽店、同陞和鞋店、新世界丝绸店、百草参茸药店、碧春茶叶店等。

除了这些老字号商铺，王府井步行街上还有大型现代商场，如APM、银泰、东方新天地等，消费者在这里可以找到各种时尚品牌，让人眼花缭乱。

娱乐　城市魅力深体验

1.在林立的购物中心间穿梭购物：王府井里最多的就是各种购物中心，里面售有各种各样的商品，是爱逛街的朋友们的福地。

2.小店淘一些小礼品：王府井步行街内有很多卖民族传统物品的地方，有的很有特色，种类也较多，可选择的余地比较多。有兴趣可以选购一些小件东西，以馈赠亲友。

3.街旁歇息品尝北京老酸奶：在王府井街道上有一些座位，累了可以坐下来歇会，在路旁买一杯北京老酸奶，品尝一下，别具一番风味。

4.欣赏各种雕塑：王府井街上有很多有特色的雕塑，有兴趣的话可以驻足欣赏一下，也很适合拍照留影。

雍和宫及周边
北京城里的藏传佛教寺院

微印象

@sola1104：据说雍和宫原为雍正的府邸，所以寺庙建得很有皇家气派，不过最让我震惊的是庙内那个巨大的木雕佛，是用一整根白檀木雕刻而成的，真的很不可思议，值得一看。

@ananan：每次去雍和宫都会有一种莫名的感动，无论多烦躁只要一进入殿内马上就能安静下来。之后带着宁静的心情去雍和宫外的国子监道走走，很平静。

门票和开放时间
门票：25元。
开放时间：冬季（11月至次年3月）9:00—16:00，夏季（4—10月）9:00—16:30。

进入景区交通
位置：东城区北新桥雍和宫大街。
地铁：乘坐地铁2号线或5号线在雍和宫站下车，步行前往。

景点星级
人文★★★★　特色★★★　休闲★★★　美丽★★★★　浪漫★★　刺激★★

老城区 I

雍和宫初建于清康熙三十三年（1694年），原为雍正即位前府邸，即雍亲王府。雍正三年（1725年）改为行宫，称雍和宫。又因乾隆皇帝诞生于此，雍和宫前后出了两位皇帝，成了"龙潜福地"，所以殿宇为黄瓦红墙，与紫禁城皇宫一样的规格。乾隆九年（1744年），雍和宫改为藏传佛教寺庙。

雍和宫主体建筑结构是由三座精致的牌楼和雍和门殿、雍和宫大殿、永佑殿、法轮殿、万福阁、绥成殿等多座殿堂及班禅楼、戒台楼两个文物展厅组成，殿堂内供有众多的佛像、唐卡及大量珍贵文物，其中紫檀木雕刻的五百罗汉山、金丝楠木雕刻的佛龛和十八米高的白檀木大佛被誉为雍和宫木雕三绝。

雍和宫示意图

❶ 牌楼—雍和门

雍和宫南院伫立着三座高大牌楼、一座巨大影壁和一对石狮，过辇道往北是雍和宫大门昭泰门，内两侧是钟鼓楼，外部回廊，富丽庄严，别处罕见。继续往北有八角碑亭，内有乾隆御制碑文，陈述雍和宫宫改庙的历史渊源，以汉、藏、满、蒙古四种文字书写，分刻于左右碑。

两碑亭之间便是雍和门，上悬乾隆皇帝手书"雍和门"大匾，相当于汉传佛教的山门、天王殿。殿内正中金漆雕龙宝座上坐着笑容可掬、袒胸露腹的弥勒菩萨塑像，大殿两侧东西相对而立的是泥金彩塑四大天王。天王脚踏鬼怪，表明天王镇压邪魔、慈护天下的职责和功德。弥勒塑像后面，是脚踩浮云、戴盔披甲的护法神将韦驮。

攻略

1. 位于雍和宫天王殿院东侧的游客服务中心内有饮水机、触摸式中英文点播机、急救箱、轮椅、担架、雨伞等，为游客提供相关便利服务。
2. 游客服务中心内还有专业中、英、日三种语言导游员及中、英、德、法、日五种语言导游机为游客提供导游服务。
3. 佛事活动登记处位于永佑殿西侧，主要为信众提供佛事活动，还可以在旁边的开光室进行物品开光。
4. 雍和宫内设有五处法物流通处，其中检票口外西侧一处，其余四处分布在雍和宫内，主要面向广大信众、游客，提供多种佛教用品，雍和宫特制香和旅游纪念品等。
5. 雍和宫募媛处位于雍和宫殿东侧，有部分结缘佛教图书为香客免费发放，如果有佛教读物和其他与佛教有关的物品亦可在此处捐赠。
6. 走进雍和宫第三进院落雍和门院内，可以看到十余株老槐树，是京城一大奇观。

051

Follow Me 北京深度游

❷ 雍和宫大殿

雍和宫大殿原名银安殿，是当初雍亲王接见文武官员的场所，改建后，相当于一般寺院的大雄宝殿。殿内正北供有三尊高2米的铜质三世佛像，三世佛像有两组，一组是中为释迦牟尼佛，左为药师佛，右为阿弥陀佛。正殿东北角供铜观世音立像，西北角供铜弥勒立像；两面山墙前的宝座上端坐着十八罗汉。

雍和宫大殿前的庭院内的椭圆形汉白玉石座上有一个石池，池内有座高达1.5米的青铜须弥山。须弥山腰有犍陀罗山，山外有铁围山所围绕的咸海，咸海四周还有四大部洲，即东胜神洲、南赡部洲、西牛贺洲和北俱芦洲。

攻略　雍和宫佛事活动

1. 雍和宫的僧人们每天都会早起诵经，诵经时间为5:30—7:00，僧人要到法轮殿进行诵经。
2. 雍和宫每月农历初一、十五，9:00—10:30为例行法会。雍和宫的佛教节庆日，主要有：农历正月二十三至二月初一日举行的"大愿祈祷法会"；农历四月十三至四月十五日的"浴佛节"；9月24日至9月30日举行的大威德金刚坛城法会；农历十月二十五日举行的"宗喀巴大师上师供法会"；农历十二月初八，为纪念释迦牟尼成就佛道举行的舍粥活动。

❸ 法轮殿—万福阁

法轮殿大殿平面呈十字形，殿顶上建有五座天窗式的暗楼和五座铜质鎏金宝塔，为藏族传统建筑形式。殿内正中巨大的莲花台上端坐一尊高6.1米的铜制佛像，佛像面带微笑，为宗喀巴大师。

出法轮殿后便是高25米、飞檐三重的万福阁，两座楼阁间有飞廊连接，宛如仙宫楼阙，具有辽金时代的建筑风格。万福阁内巍然矗立一尊迈达拉佛（弥勒佛），佛像高18米，地下埋入8米，佛身宽8米，用整棵名贵的白檀香木雕成，是六世达赖喇嘛的进贡礼品。这尊大佛也是雍和宫木雕三绝之一。另外，还有一尊木雕三绝在万福阁前东配殿照佛楼内，名为金丝楠木佛龛，采用透雕手法，共有99条云龙，条条栩栩如生。

老城区 I

解说

1. 法轮殿宗喀巴像背后是被誉为雍和宫木雕三绝之一的五百罗汉山，高近5米，长3.5米，厚30厘米，全部由紫檀木精细雕镂而成。
2. 五百罗汉山前有一金丝楠木雕成的木盆，据说当年乾隆帝呱呱坠地后三天，曾用此盆洗澡，俗名"洗三盆"。

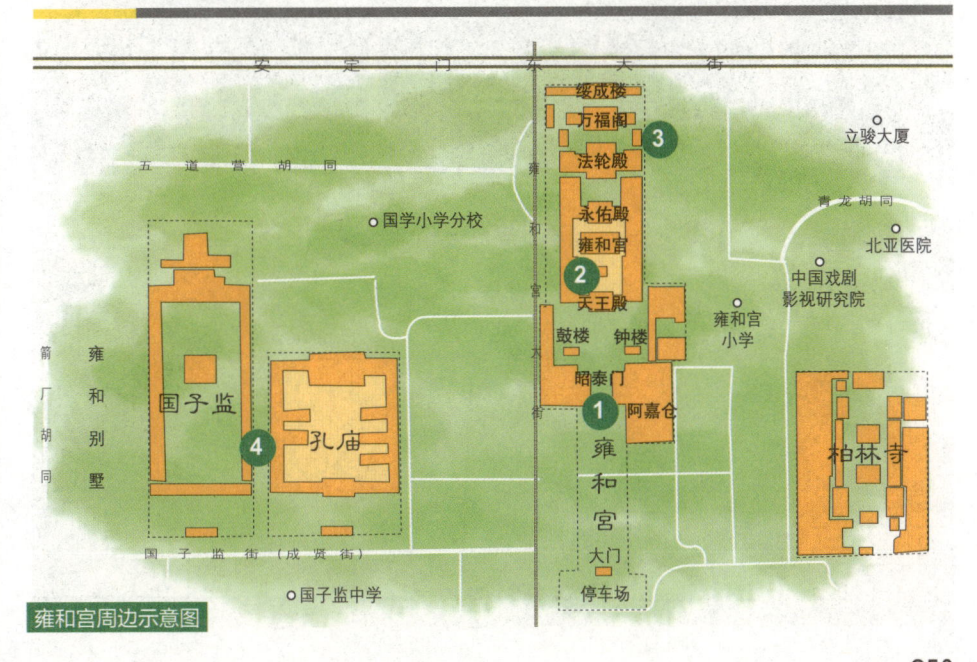

雍和宫周边示意图

Follow Me 北京深度游

❹ 孔庙和国子监博物馆

　　孔庙和国子监博物馆是由古建筑孔庙和国子监共同组成,售票处在孔庙大门边,购票后进入孔庙,在碑亭旁的"持敬门"进入国子监游览。

　　孔庙始建于元代,是元明清三代祭祀孔子的地方,建筑规模很大,庙内有北京少有的元代风格古建筑。院内有很多石碑,其中有著名人物的题字、元代到清末的五万多名进士的名册的题名碑、刻满儒家十三经的碑林等,内容丰富,十分珍贵。

　　国子监是明清时期的全国最高学府,也是过去皇帝亲自讲课的地方。这里的建筑古色古香,集贤门、太学门、琉璃牌坊等建筑十分具有特色,尤其是琉璃牌坊色彩艳丽,是国子监的标志性景物。院内古树参天,显得古朴漂亮。辟雍大殿是国子监的主体建筑,这座建筑十分特别。旁边的彝伦堂就是古代皇帝讲课的地方,可以好好参观一下。

老城区 I

亲子研学

礼乐舞与科举制

1. 孔庙的崇圣祠院内每天会进行几次传统礼乐舞蹈《大成礼乐》表演,表现了古代的传统文化艺术,非常精彩。另外,院内古色古香,有很多参天古树,还有关于祭奠孔子的牌位、文物展览等,都可以一一参观。

2. 在国子监内设有"中国古代科举展"和"国子监原状陈列展"等常年展览,对科举制度感兴趣的可以去参观。

攻 略

住宿 驴友力荐的住宿地

雍和宫南侧有家四合院宾馆玩居酒店(东城区北新桥三条46号),是由地道的北京特色四合院建成的,非常有北京特色。附近还有北京都市之星快捷酒店(东城区东直门内大街216号),毗邻簋街餐饮一条街、雍和宫、地坛公园等,交通非常方便。

美食 饕餮一族新发现

雍和宫的罗汉菜非常有名,是以黄花、木耳、香菇、冬笋、面筋、玉兰片、荸荠、豆腐、白菜、胡萝卜等炖在一起,再加少许素油而制成的,出寺之后有几家斋菜馆,可以尝试一下素斋。

此外,雍和宫西边有著名的五道营胡同,胡同里有很多有意思、有情调的特色餐厅、咖啡馆、小店,大半都是外国人和"海归"开的,许多店主还是导演和文艺工作者。藏红花西餐厅是颇有人气的西班牙餐厅,晚夏时节可以在院子里进餐,在凉风习习中喝杯水果酒,再惬意不过了。

特别提示

1. 在雍和宫内礼佛、游览时需注意以下事项:顶礼佛、法、僧,三支香为宜;殿内请勿燃香、摄影;风力较大时,停止燃香请敬香;院内请勿吸烟。

2. 出了地铁站或公交车站,前往雍和宫大门的路两边有许多卖香的小店,可以在此买一些拿进去。

北海公园
触手可及的皇家园林

微印象

@辽阳：北海公园不管什么季节都会有很多老人在里面闲逛，夏天的北海公园尤其美，绿树成荫，湖面清澈见底，很适合来此消夏。

@jiangyh119：冬天的北海，没有了碧波荡漾，没法荡起双桨，却多了些人们冰上嬉戏的欢笑，比起故宫的肃穆威严，这里多了些生机，多了份生活的气息。

门票和开放时间
门票：旺季（4—10月）10元，联票20元；淡季（11月至次年3月）5元，联票15元；琼华岛白塔10元，团城1元。

开放时间：夏季6:30—21:00；冬季6:30—20:00。

最佳旅游时间
北海公园四季各有特色，每年9月和10月秋高气爽，枫叶渐红，银杏铺路，景色最佳。

进入景区交通
位置：西城区文津街1号，景山公园西侧，故宫西北。

地铁：乘坐地铁6号线到北海北站下，可步行到达北海公园东门。

景点星级
人文★★★★　　特色★★★　　休闲★★★★★　　美丽★★★★　　浪漫★★★　　刺激★★★

老城区 |

"让我们荡起双桨，小船儿推开波浪，水面上倒映着美丽的白塔，四周环绕着绿树红墙……"这首脍炙人口的歌曲——《让我们荡起双桨》所吟唱的便是北海公园的景色。公园内亭台别致，游廊曲折，全园以神话中的"一池三仙山"（太液池、蓬莱、方丈、瀛洲）构思布局，形式独特，富有浓厚的幻想意境色彩。北海园林博采众长，有北方园林的宏阔气势和江南私家园林婉约多姿的风韵，并蓄帝王宫苑的富丽堂皇及宗教寺院的庄严肃穆，气象万千而又浑然一体，是中国园林艺术的瑰宝。

公园以北海为中心，主要由琼华岛、北岸、东岸、团城四大景区组成，白塔、五龙亭、九龙壁、永安寺、悦心殿、琼华岛、善因殿等景点闻名遐迩。琼华岛白塔高耸，殿阁参差；岛下碧波浩渺，游船如织；沿湖岸上绿柳垂丝，百花织锦，亭台楼榭，掩映其中，整座园林充满一派诗情画意的旖旎风光。

北海公园示意图

小西天　五龙亭　九龙壁　西天梵境　静心斋　先蚕坛
琼华岛
永安寺
画舫斋
濠濮间
团城　永安桥

❶ 团城

团城位于公园南门西侧，平面呈圆形，享有"北京城中之城"之称，碧瓦朱垣的建筑构成了北京市内最美的风景区。承光殿位于城台中央，内有龛一座，供奉着用整块玉雕琢的白色玉佛像一尊，高1.5米，头顶及衣服以红绿宝石点缀，佛像面容慈祥，面相洁白无瑕，光泽清润。承光殿南有玉瓮亭，北有敬跻堂，组成了城台的中轴线。两侧对称排列，有古籁堂、余清斋东庑和西庑等。团城上有金代所植的栝子松，距今有800多年的历史，是北京最古老的树林。

057

Follow Me 北京深度游

攻略

1. 北海公园开放时间较长,可白天前往采风拍照,夜晚灯亮时,也可以拍摄到不错的园林夜景。
2. 离北海公园不远的景山公园万春亭也是拍摄北海白塔的好地方,在天气晴朗的傍晚,将对焦点选在白塔上,远处的夕阳与近处的白塔便构成一幅动人心魄的画面。

点赞

@饭桶酒缸:北海公园的九龙壁最是有名,曾留下的典故也值得追味。春夏时节的北海太令人陶醉,长廊虽不及颐和园,但也别有一番味道,来过的次数已数不过来,但还是会再来。

@潘多拉的魔盒55:北海给我的感觉就是"温婉",它不像颐和园那么张扬,也没有故宫那么霸气,却散发着一股温暖的气息,让人有种特别闲适的感觉。

❷ 永安桥—永安寺

永安桥建于13世纪时期的元代初年,是一座以雅洁、精巧取胜的连拱大石桥,起着连接与烘托琼华岛的重要作用。在桥的南北两端各竖彩绘牌坊一座,名为"积翠"和"堆云",牌坊前还各设有一对石狮子,对称呼应,相映成趣。

永安寺建于清顺治八年(1651年),原名白塔寺,清乾隆八年(1743年)改为永安寺。该寺依山就势而筑,共分三进三上殿宇,前殿名为法轮殿,殿前左右设有钟、鼓亭,殿内供释迦牟尼佛像。中殿为正觉殿,上殿为普安殿(白塔下),原为诵经之所。该寺殿宇、佛像均被修饰一新,引人入胜。

攻略

1. 寺庙西北侧的叠翠楼是公园内的最高建筑,楼高两层,登楼远眺,北海景色可尽收眼底。
2. 每年农历腊月二十六日至农历正月初七,公园内都会举办迎春祈福文化节,届时以阐福寺为中心,在全园营造仙境迎福、福寺祈福、盛世颂福的喜庆祥和氛围,并将清乾隆时期在北海皇城御苑内举行的阐福寺祈福盛典仪式复原展示给广大游客,非常有意思。

❸ 琼华岛

琼华岛简称琼岛，因岛上建有白塔，故又俗称"白塔山"。琼华意指华丽的美玉，以此命名，表示该岛是用美玉建成的仙境宝岛。

白塔矗立于琼岛顶峰，塔高35.9米，上圆下方，富有变化，为须弥山座式，塔顶设有宝盖、宝顶，并装饰有日、月及火焰花纹。琼华岛西面原是清代皇帝游园时休息、议事和举行宴会的悦心殿。殿后有庆霄楼，在西北面有阅古楼、琳光殿、延南熏亭和铜仙承露盘。这里的"琼岛春荫"堪称"燕京八景"之一。

解说

1976年，唐山大地震波及北京，塔顶被损。在修复时，发现塔内主心木中藏有一个二寸见方的金漆盒子，盒盖绘有太极图，盒内藏有两颗舍利，证明此塔是一座舍利塔。

攻略

1.白塔的最佳拍摄地是在对岸，河、堤、桥、长柳、亭台、楼阁、岛上的白塔全部融为一体，景色绝佳。站在白塔的顶部可以俯瞰故宫与中南海的景色。

2.琼岛西北侧的湖畔有个阅古楼，"阅古楼"三字为乾隆手书，楼内墙壁上镶嵌着我国著名的《三希堂法帖》等石刻495方，共收集了我国从魏晋至明末135位著名书法家的340件楷书、行书、草书等作品，书法、刻法均极其精美，被称为"双绝"，可以一看。

❹ 九龙壁—五龙亭

九龙壁位于北海北岸，是传统建筑中用于遮挡视线的墙壁，是我国现有三座九龙壁中最有特色的一座，也是独有的双面壁。该壁建于清乾隆二十一年（1756年），高5.96米，厚1.6米，长25.52米，为五脊四坡顶，正脊上两面各有九条龙，垂脊两侧各一条，正脊两吻身上前后各一条，吞脊兽下，东西各有一块盖筒瓦，上面各有龙一条，五条脊共有龙32条。筒瓦、陇陲、斗拱下面的龙砖上都各有一条龙（四周筒瓦252块、陇陲251块、龙砖82块），如此算来，九龙壁上共计有龙635条。

五龙亭始建于明万历三十年（1602年），中为龙泽亭，西为涌瑞亭、浮翠亭，东为澄祥亭、滋香亭。这里原本是皇室及近臣垂钓、赏月的地方，现如今，这里时常会聚集众多民间艺人，在游览闲暇之余尽情歌舞，不亦乐乎。

攻略

1.在公园中游玩很长时间后才能看到著名的九龙壁，壁的两面各饰有九条蟠龙，在此照相不要忘记照正反两面。

2.每年8月份，北海公园荷花盛放之时，都会举办荷花节。届时在北海南门广场、琼华岛东西侧广场展出的"碧扇荷馨""与荷共舞""荷风嬉鱼"等主题花坛会展出荷花及水生植物品种百余种、千余盆。

Follow Me 北京深度游

攻略

美食 | 饕餮一族新发现

公园北岸有一家仿膳饭庄，是一家专营正宗宫廷风味的饭庄，厨师们仿照清宫"御膳"的做法，制作各种菜点，主要美食有福寿饼、豌豆黄、芸豆卷、艾窝窝等清宫点心，还有宫廷宴席和满汉全席等菜品，味道非常正宗。

此外，公园东门外有家景海小院餐馆，装修古朴，以快餐为主，适宜休闲小憩；隆福斋糕点专门经营老北京的传统糕点，价格实惠；北门外的日昌餐馆被很多广东人誉为北京最价廉物美的粤菜餐馆之一，其特色菜有纸包鸡翅、煲仔饭等；北门东侧恭俭胡同里的皇家冰窖小院环境清新，地下冰窖与地面均可就餐，以北京私房菜为主。

景区交通 | 游遍景区不犯愁

1. 步行：在公园内围湖信步游览约需3小时，会看到不同的景致，会有不小的收获。
2. 游船：北海公园内有小型船、大型船、摆渡船、特色船四种类型的游船，价格各有不同。

行程推荐 | 智慧旅行赛导游

1. 全园游览路线：山后漪澜堂乘渡船到北岸，游五龙亭、极乐世界、阐福寺，经澄观堂、浴兰轩到快雪堂看48方帖石刻，转到九龙壁，其南为御膳饭庄可就餐；向东游西天梵境，看金丝楠木殿，游静心斋，内有镜清斋、枕峦亭、叠翠楼、焙茶坞、罨画轩、韵琴斋、抱素书屋等景致，沿湖观北海风光至东岸，有先蚕坛、画舫斋、濠濮涧，到陟山桥，过桥向南可出南门。

2. 团城、琼华岛2小时游览路线：团城—永安寺—悦心殿—善因殿—白塔—经揽翠轩向东下山（若香台、智珠殿可饮茶）—琼岛春阴—入倚晴楼—过长廊、漪澜堂、道宁斋、分凉阁—阅古楼—铜仙承露盘—甘露殿—下山往南，回永安桥可出南门。

3. 北岸景区2小时游览路线：静心斋—西天梵境—九龙壁—铁影壁—五龙亭—小西天景区。

什刹海周边
老北京的缩影

微印象

@JJ的四月天：京城古典情怀结合现代小资情调，后海确实是个悠游的好地方！黄昏时静坐湖边，发发呆，感觉很好。

@Ailsashuai：白天的什刹海感觉特别好，虽然地处闹市，但总能在这里找到一丝宁静。找个有阳光的午后，喝上一杯咖啡，坐着黄包车，听着车夫讲解这里的历史典故，很惬意。

门票和开放时间
门票：免费。
开放时间：全天开放。

最佳旅游时间
什刹海四季游览皆宜。夏日的什刹海波平如镜，垂柳依依，荷花盛开；冬季则是天然溜冰场。

进入景区交通
位置：西城区，毗邻北京城中轴线。
地铁：乘坐地铁2号线在积水潭站下车，乘坐地铁6号线北海北站下车，乘坐地铁8号线什刹海站下车。

景点星级
人文★★★★　　特色★★★★　　休闲★★★★　　美丽★★★★　　浪漫★★★★★　　刺激★★

什刹海位于西城区,是北京面积最大、保存最完整的历史街区。

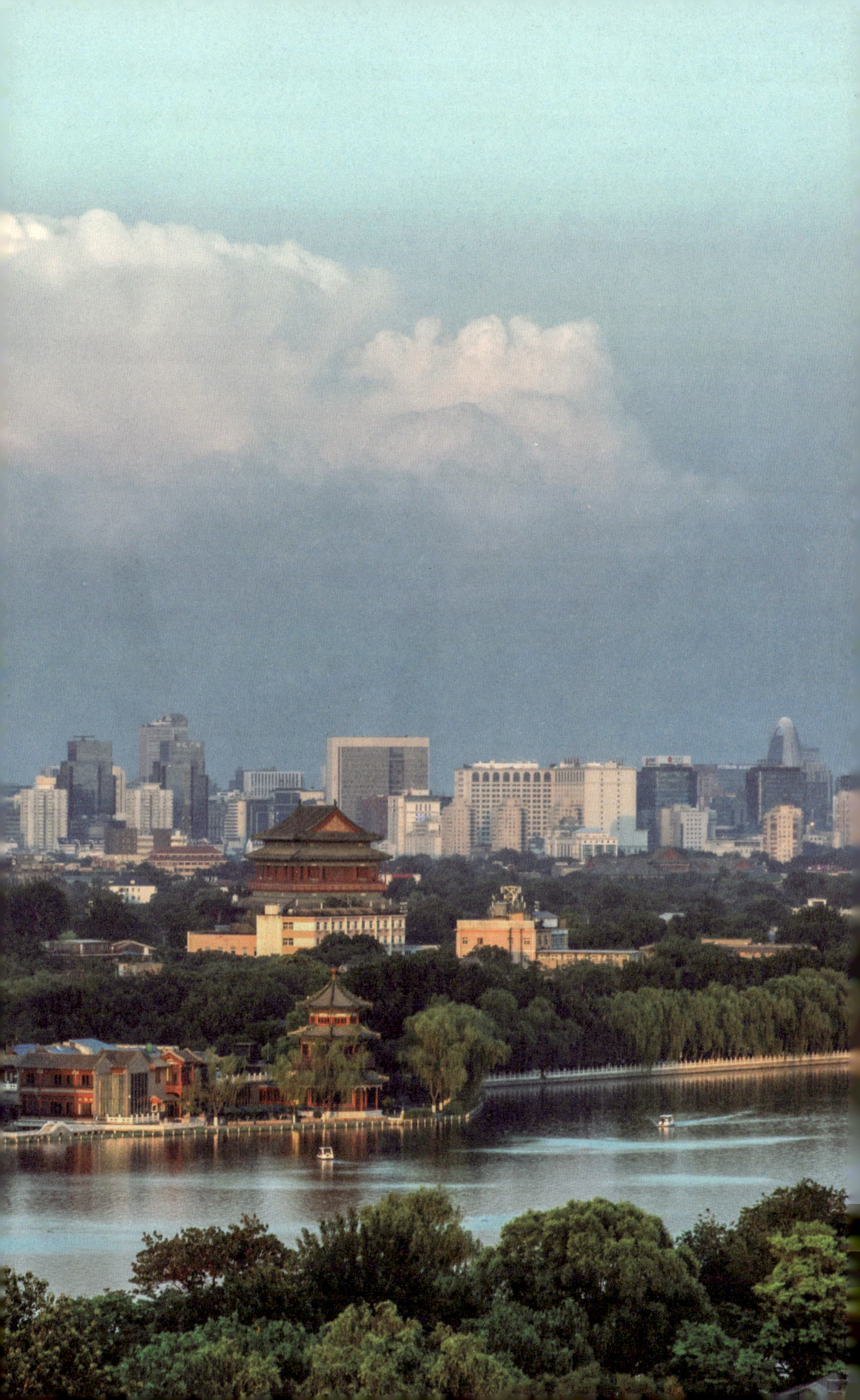

Follow Me 北京深度游

什刹海也写作"十刹海",四周原有十座佛寺,故有此称。什刹海元代名海子,水面宽而长,明初缩小,后逐渐形成西海、后海、前海,三海水道相通,自清代起就成为游乐消夏之所,是最具京味儿的平民乐园。

景区以银锭桥为核心,由什刹海(又名前海)、后海和西海(又称积水潭)三个相连的湖泊组成,被誉为"北方的水乡"。这里有大量典型的胡同和四合院,如金丝套地区的大、小金丝胡同,南、北官房胡同和后海北沿的鸦儿胡同及白米斜街、烟袋斜街等,还有恭王府、醇亲王府等著名景点。

攻略

1. 景区内银锭桥风景独特,立于其上可饱览西山秀色。沿后海南岸行进可观赏恭王府、郭沫若纪念馆,还可以去参观一下荷花市场;沿后海北岸还可以参观宋庆龄故居(原醇亲王府府邸花园),再去登鼓楼和钟楼。

2. 平时有放荷灯、泛舟游湖、宴饮赏荷、冰床围酌、大阅冰鞋、消夏舞会和纯正的京腔京韵等民俗活动,可亲临这里实地感受下。

❶ 银锭桥—烟袋斜街

银锭桥是形似银元锭宝的一座石桥,连接前海与后海。银锭桥是什刹海的点睛之笔,以"三绝"著称(眺望西山、观赏荷花、品尝烤肉)。"银锭观山"是燕京小八景之一,而且这里还是来往于恭王府、宋庆龄故居、火神庙和荷花市场等地的"中转站"。

烟袋斜街是北京历史最悠久的斜街之一,在烟袋斜街内,曾有龙王庙及广福观等古迹,现在龙王庙已经被拆除,广福观保存尚完好,但已经变成民居兼酒吧。胡同里陆续出现了很多以外国游客为主要目标客户的民族工艺品商店和各色酒吧,各式各样光怪陆离颇具文化气息的装饰冲击着烟袋斜街这条古老的胡同。

攻略

若有兴趣,可以拐到烟袋斜街寻访标志着中国近代邮政诞生的大清邮局,在邮局敲几个花纹精美的邮戳做纪念。当然,盖邮戳要先购买邮局的明信片。

解说

清代,住在北城一带的人都有抽旱烟的嗜好,抽烟就得用烟袋,于是就有住在斜街上的人家看准行情开起了烟袋铺,生意特好。后来,大家伙儿都跟着在这街上做烟袋生意,就形成了烟袋一条街。此外,烟袋斜街本身就宛如一只烟袋:细长的街道好似烟袋杆儿,东头入口处像烟袋嘴儿,西头入口处折向南边,通往银锭桥,看上去活像烟袋锅儿。

老城区 I

点赞

👍 @Leona0628：这里是一个很有京味的景点，在这里经常会看到骑自行车的外国人。如果时间允许的话，附近的鼓楼、北海公园、雍和宫可以一起游览。

👍 @smileblue：什刹海是一处非常平民化的老北京地段，很难想象是在北京市中心。夏日夜晚，在水面上划夜船、放船灯，很有江南的味道……

什刹海周边示意图

❷ 醇亲王府——宋庆龄故居

醇亲王府前身是清初大学士明珠的宅第，因清光绪帝生于此府，成为潜邸，故光绪继位后醇亲王必须迁出。为了区别，醇亲王原在太平湖的王府称南府，后海北沿的新王府称北府。北府西部曾是王府花园，新中国成立后宋庆龄居住在此，之后成为宋庆龄故居。东部是王府本身，分为东、中、西三路。中路是其主体建筑，自南而北，街门5间；东路建筑主要是家祠和佛堂及一些从属建筑，东墙外院落为王府马号；西路有两组院落并列，是醇亲王府的活动中心。

宋庆龄故居位于后海北沿46号，这是一处典型的中国式庭院。宋庆龄于1963年迁居于此，在这里工作、学习和生活了近20年。现这里分为原状陈列展、宋庆龄生平展及庭院三部分进行开放展览。

065

Follow Me 北京深度游

❸ 恭王府—郭沫若纪念馆

恭王府位于什刹海西北角,始建于清乾隆四十一年(1776年),是清代规模最大的一座王府建筑群,最初是和珅的住宅。到了清咸丰元年(1851年),又被赐给恭亲王奕䜣,自此称为恭王府。它见证了一个王朝的兴衰,曾有"一座恭王府,半部清朝史"之说。恭王府是一处典型的王府,既有中轴线,也有对称手法,其中著名的景点有大戏楼、西洋门、后罩楼、银安殿等。

郭沫若纪念馆位于什刹海西岸前海西街18号,原是恭王府的马号,郭沫若于1963年至1978年逝世前在这里居住了15年。这里是一处环境非常好的四合院,现大部分房间已作为展室对外开放,其馆藏精品为《领袖颂》《猫碟砚》等。

解说

北京人常说,到故宫沾沾王气,到长城沾沾霸气,到恭王府就一定要沾沾福气!这"福气"就是指恭王府"三绝"之一的"福"字碑。在恭王府假山正中有一清康熙皇帝为其祖母祝寿写的"福"字碑,碑石长7.9米,贯穿了整座假山。

❹ 钟楼—鼓楼

钟楼筑于高大的砖石城台上,为中国现存唯一的无梁拱券式全砖石结构的大型单体建筑,是中国古代建筑中将建筑与传声巧妙结合的杰作。在钟楼的正中立有八角形的钟架,悬挂"大明永乐吉日"铸的大铜钟一口,是中国现存体量最大、分量最重的古代铜钟之一,有"钟王"之称。

鼓楼是古代城市的报时台,鼓楼通高46.7米,坐落在高4米的砖砌台基上,红墙朱栏,雕梁画栋,非常雄伟壮丽。钟楼和鼓楼都位于京城中轴线北部,由于它们类似城楼的建筑形式,飞檐翼角的独特形态,因此具有很高的艺术价值和审美情趣,而成为著名的人文景观。如今的钟楼鼓楼已失去之前的作用,但每到年节,依然能听到浑厚有力的钟鼓声,是京城著名的一景。

攻略

老城区 I

景区交通 游遍景区不犯愁

1.人力三轮车：什刹海地区有许多人力三轮车，可乘车游街串巷，什刹海胡同游特许专营，三轮车师傅还可兼作导游。

2.自行车：自行车是游什刹海胡同最好的交通工具，在前海南沿有自行车出租点。

美食 饕餮一族新发现

什刹海是美食聚集地，这里有很多美食，大到一个百年老店，小到一个街边小摊，应有尽有。

如果你想吃地道的北京味儿，可以去宋庆龄故居西侧的九门小吃（西城区德内大街孝友胡同1号），在老式四合院中，囊括了十多家北京老字号小吃，酱牛肉、褡裢火烧、涮羊肉、豆腐脑，应有尽有；或者去梅兰芳纪念馆西边的护国寺小吃街，如管式翅吧、宫廷奶酪、鞋底火烧，可品尝来自胡同的美味；烤肉季（西城区地外大街前海东沿14号）算得上是什刹海附近历史悠久的饭店之一，除了传统烤羊肉外，还增添了鸡、鸭、鱼、海鲜等各种美味烧烤，他家的芝麻烧饼更是一绝，不可不吃。

除了一些老字号的餐馆，如月盛斋（后海孝友胡同九门小吃内）、爆肚冯（近宋庆龄故居）、东兴顺爆肚张（什刹海前海东沿17号）、护国寺小吃店（西城区护国寺大街93号）等外，还有许多比较有情调的餐厅，可以一边散步一边探索，很惬意。

娱乐 城市魅力深体验

游船

夏天什刹海边非常清凉，荷花盛开，可以坐船欣赏湖景。沿湖的码头不少，有前海的好梦江南码头、荷花市场码头，后海的野鸭岛码头、柳荫争渡码头等，都有游船可以坐。脚踏船、手划船可自个儿玩个尽兴，根据不同的船型，船费不等；若是观光摇橹船会带你环湖游览，大约需1个小时，船夫还会讲解一下什刹海的景点。

滑冰

到了冬天，什刹海结了冰，游船便不开了，但可以来欣赏冬景，当冰层达到一定厚度，湖上就会开辟出什刹海滑冰场。这里还会提供冰鞋、冰上自行车等的租借服务，价格不贵，不过需100—200元的押金。滑冰场分为冰车区、滑冰区等，方便各类游人的各种需求，这也为什刹海风景区增添了独特的韵味。

Follow Me 北京深度游

酒吧

后海最有名的是各色酒吧，沿途有一两百间，传统的、现代的、中西合璧的应有尽有。这些酒吧有很多歌手驻场，漫步在后海酒吧街的街头，看到喜欢的店就进去喝两杯，感觉十分美妙。

水上鸟巢（西城区后海西沿2号）如很多酒吧一样临湖，酒水价格还算公道，咖啡首选，几款红酒味道不错。经常有乐队来演出，这才是重头戏。可以在软软的沙发上抱个笔记本上一下午网，窗户外就是微风习习的后海湖光。

后海5号（后海北沿5号，近小石碑胡同、银锭桥西）白天去的话会有古筝演奏，晚上则是很现代很个性的乐队表演。这里全天24小时营业，绝非中规中矩的北京四合院，让人很有些小惊喜。推荐人气很高的自调鸡尾酒"神七五号"和"绝对零度"。

Zoom（西城区爱民街丁2号）墙上挂满了各个豪门球队球衣的酒吧自然是以足球为主题，英式足球吧风格，气氛很好很热烈。每周末英超联赛的时候，来这里跟中外的朋友喝啤酒看球赛最爽不过。

住宿　驴友力荐的住宿地

在什刹海周围住宿，最有特色的莫过于胡同内的老北京四合院。在后海鼓楼附近有许多客栈和青年旅社，一般都在胡同内，充满着浓浓的老北京味儿。较为有代表性的旅馆客栈有杜革四合院（东城区南锣鼓巷前圆恩寺胡同26号）、北京鼓韵青年旅舍（西城区旧鼓楼大街51号）、北京花间驻四合院酒店（西城区德内大街三不老胡同14号）等。

行程推荐　智慧旅行赛导游

1.什刹海三轮车游路线：钟鼓楼（乘三轮车）—银锭桥（下车）—广化寺—醇亲王府—宋庆龄故居、九门小吃—野鸭岛—恭王府—郭沫若纪念馆—荷花市场—前海。

2.什刹海乘船游路线：帅府码头乘橹船—前海—银锭桥—后海（北京城内欣赏钟鼓楼的最佳位置）—野鸭岛—宋庆龄故居码头下船参观宋庆龄故居，吃九门小吃，逛胡同。

南锣鼓巷
北京最美的胡同

微印象

@争争Janice：南锣鼓巷的巷子里有很多特色小吃和小店，北京老胡同也很有感觉，下午或者傍晚来这里逛一逛，感觉不错。

@click_j：很有特色的一条小巷，每次去北京都会去逛一下，小巷里客栈、酒吧、特色小店、小吃俱全，小巷两旁还有很多有历史的胡同。

@猛犸鱼yu：一条窄窄的小胡同，最好在阳光和煦的日子去逛，里面满是袖珍的小店铺，很有味道，走累了找个咖啡吧坐一坐，享受一下暖暖的阳光，很是惬意。

门票和开放时间
门票：免费。
开放时间：全天开放。

进入景区交通
位置：东城区，北起鼓楼东大街，南止地安门东大街。
地铁：乘坐地铁6号线、8号线在南锣鼓巷站下车即达。

景点星级
人文★★★★　　特色★★★★　　休闲★★★★★　　美丽★★★　　浪漫★★★★　　刺激★★

Follow Me 北京深度游

南锣鼓巷是北京最古老的街区之一，有着北京保存最完整的四合院区。南锣鼓巷南北走向，全长约800米，东西各有8条胡同整齐排列。从南向北，西面的8条胡同是福祥胡同、蓑衣胡同、雨儿胡同、帽儿胡同、景阳胡同、沙井胡同、黑芝麻胡同、前鼓楼苑胡同，东边的8条胡同是炒豆胡同、板厂胡同、东棉花胡同、北兵马司胡同、秦老胡同、前圆恩寺胡同、后圆恩寺胡同、菊儿胡同。

南锣鼓巷也是北京一条非常有特色的酒吧街，整条酒吧街以四合院小平房为主，门前高挂小红灯笼，装修风格回归传统、朴实，适合于四合院的氛围和格调。与三里屯、后海不同，南锣鼓巷的酒吧大多比较安静、和谐、自然，身居闹市却远离闹市的喧嚣，更贴近于生活。

解说

自明清以来，南锣鼓巷居住过许多名人，从明代将军到清代王爷，从文学大师到画坛巨匠，这里的每一条胡同都留下很多历史的痕迹。

❶ 僧格林沁王府—中央戏剧学院

进南锣鼓巷南口东面的第一条胡同，就是炒豆胡同。炒豆胡同77号的"僧王府"，原是清代僧格林沁的王府。原僧王府规模很大，前门在炒豆胡同，后门在板厂胡同，纵跨两个胡同。王府分中、东、西三路，各有四进，其中东路除正院外，还有东院四进，组成一个很大的建筑群。

顺着南锣鼓巷往北走，东边的第三条胡同是东棉花胡同，进口不远路北就是中外闻名的中央戏剧学院，中央戏剧学院占地面积不算大，却先后培养出一代代著名的话剧与影视明星。

老城区 |

攻略

炒豆胡同西口原是僧格林沁家的祠堂，也是一组很大的建筑，祠堂和王府建在一条胡同在清代是不多见的。现在这里被改建为侣松园宾馆，像这样幽静秀雅、古香古色的四合院宾馆，在北京也是不多见的。

❷ 雨儿胡同—帽儿胡同

东棉花胡同对面路西是雨儿胡同，这里曾住过我国一位画坛巨匠——国画大师齐白石，其旧居现辟为齐白石旧居纪念馆现再现了老人晚年的生活与创作环境。此外，这里还有值年旗衙门、董家大院、罗荣桓故居、粟裕故居等。

出了雨儿胡同，沿着南锣鼓巷继续往北走，路西就是帽儿胡同。帽儿胡同的9号和11号是可园，是京城最富代表性的私家园林之一；35号和37号是末代皇后婉容故居。除婉容之外，这条胡同还住过很多名人，如明代将领洪承畴。

❸ 茅盾故居—菊儿胡同

茅盾故居位于后圆恩寺胡同13号，是一座不大的两进四合院，前院矗立着茅盾先生的半身塑像，周围房间是茅盾的生平展览，后院有卧室、起居室、书房等，是按照先生生前的样子布置的。

菊儿胡同是南锣鼓巷最北头东边的一条胡同，改造后的胡同中部北边有一片两至三层的楼房，黑瓦白墙，围合成一个个小院落，既有江南民居的秀丽，又有老北京四合院的神韵，和周围的建筑风格也十分协调。

Follow Me 北京深度游

解说

建筑大师吴良镛曾主持设计菊儿胡同的危房改造工程，改造后的胡同在1992年被亚洲建筑协会授予"亚洲建筑金奖"，1993年又被授予"世界人居奖"。

攻略

1. 来南锣鼓巷观光最好步行，一来环保，二来通向南锣鼓巷的路上也有很多具有地道老北京风味的特色建筑和小吃店，值得一看。
2. 南锣鼓巷里有大量的富有特色的小店，小巷里现有100多家店铺，在这里淘到的不仅是个性的服饰，相当一部分还是纯手工制作的限量版小东西。

攻略

美食　饕餮一族新发现

南锣鼓巷虽然只有短短的几百米，但从南到北遍布着各式各样的特色美食。

文宇奶酪店（南锣鼓巷黑芝麻胡同49号）是一家声名远扬的奶酪店，这里的宫廷奶酪口味清淡独特。此外，这里的红豆双皮奶也值得推荐。店内自制的冰镇酸梅汤酸甜适宜，清暑解渴。

过客（南锣鼓巷108号）是崇尚自由、热爱旅游的年轻人的大本营，这里以口味特殊的比萨和富有尼泊尔风情的饮料小吃而著名，其中自创的两款羊肉串比萨和宫保鸡丁比萨非常棒。

老城区 I

西洋果子（钟楼湾胡同29号），这里的布丁很有名，小山布丁、黄桃米布丁和焦糖布丁都值得品尝。

韩香馆（香饵胡同128-1号）是南锣鼓巷里很有特色的家常韩国餐，口味很正宗，石锅拌饭、鱿鱼沙拉和烤牛肉都很不错。

除此之外，较为有特色的餐饮店还有吉事果（南锣鼓巷47号）、南锣烤鱼（南锣鼓巷27号）、"咂摸"餐吧（南锣鼓巷106号）、逆爱3A07（南锣鼓巷16-2号）、金波亭大阪章鱼烧（南锣鼓巷89号）、卤煮火烧（帽儿胡同41号）等。

购物 又玩又买嗨翻天

南锣鼓巷里有很多特色店铺，可以来感受一下其独特的风情。

诗书札记汉字文礼馆（南锣鼓巷91号）是一家很有特色的文创店，主要售卖文化礼品，在这里还可以体验中国传统的活字印刷术。

南锣邮局（南锣鼓巷89-1号）是一家将老北京文化和邮政书信文化相结合的主题邮局，售卖各种主题的明信片，还可以加盖各种邮戳，十分受年轻人欢迎。邮局门口有一个鸿雁机甲，翅膀能够扇动。

娱乐 城市魅力深体验

南锣鼓巷的酒吧大多比较安静，让你身居闹市却远离闹市的喧嚣，更贴近于生活。客人以国外游客、中戏学生和成熟的泡吧爱好者为主，客人在这里能体验老北京四合院的气息，远离喧闹、享受身心的放松，或看书，或带着电脑来加班，或者朋友小聚，甚至洽谈公务。

值得一提的是，南锣鼓巷的酒吧价位普遍偏低，店家还提供各种精美的小吃，西式的、中式的都有，老板和服务员都很随和，很有家的感觉。

住宿 驴友力荐的住宿地

南锣鼓巷内及其周边有多家旅舍，巷子里的旅舍多为四合院式，很有老北京味道。

杜革四合院（前圆恩寺胡同26号）曾经是一座18世纪落成的清代三代大臣的府邸——索家花园一部分，如今被独具匠心、优雅细腻地打造成了一家艺术精品酒店。这家酒店只有六间房间，酒店里还是很有家的感觉的。

未名（宝钞胡同甲38号）是一所风水格局很好的四合院，是清代中期一位三品武官的府邸，古色古香的庭院静谧典雅，院子里琴棋书画都有陈列，可以随意弹奏或把玩。房间也是古色古香，每间房都摆设了一件乐器，值得一住。

天坛公园
古代皇帝祭天之地

微印象

@Julia猪猪：天坛无论在整体布局还是单一建筑上，都反映出天地之间的关系，而这一关系在中国古代宇宙观中占据着核心位置。

@携程小护士：天坛公园除了祈年殿等建筑外，园内的古树木也值得一看。公园内还有很多老人在下象棋、唱歌、跳舞等，很有老北京生活气息。

门票和开放时间

门票：旺季（4—10月）门票15元，联票（含门票、祈年殿、回音壁、圜丘）34元；淡季（11月至次年3月）门票10元，联票28元。

公园大门开放时间：旺季6:00—22:00，淡季6:30—22:00。

最佳旅游时间

游览天坛的最佳时间是春、秋两季。

进入景区交通

位置：东城区天坛路甲1号。

地铁：乘坐地铁5号线到天坛东门站下车，乘坐地铁8号线到天桥站下车。

景点星级

人文★★★★★　特色★★★★★　休闲★★★★　美丽★★★★　浪漫★★★　刺激★★

老城区 I

　　在整个北京城里，北有地坛祭地，南有天坛祭天，东有日坛祭太阳，西有月坛祭月亮，其中天坛最为光彩夺目、气宇非凡。天坛始建于明永乐十八年（1420年），至清乾隆年间最终建成，是明清两代皇帝冬至日祭天和春季祈求丰年的地方，居京城"天地日月"诸坛之首，面积比故宫还要大两倍多。

　　天坛建筑布局呈"回"字形，分为内坛、外坛两部分，内坛北为祈谷坛、南为圜丘坛，一条360米长的丹陛桥连缀两坛，主要建筑就集中在丹陛桥两端，坛墙南方北圆，象征天圆地方。外坛为林区，广植树木，西南部有神乐署，是明清时期演习祭祀礼乐及培训祭祀乐舞生的场所。另外，天坛有四大妙音：回音壁的回音、对话石的对音、三音石的叠音、天心石的空音。

天坛示意图

Follow Me 北京深度游

❶ 圜丘坛

　　圜丘坛是明清两代皇帝举行冬至祭天大典的场所，主要建筑有圜丘、皇穹宇及配殿、神厨、三库及宰牲亭，附属建筑有具服台、望灯等。圜丘形圆像天，三层坛制，高5.17米，下层直径54.92米，上层直径23.65米，上层中心为一块圆石，外铺扇面形石块九圈，内圈九块，以九的倍数依次向外延展，栏板、望柱也都用九或九的倍数，象征"天"数。

　　皇穹宇院落位于圜丘坛外墙北侧，坐北朝南，圆形围墙，主要建筑有皇穹宇和东西配殿，是供奉圜丘坛祭祀神位的场所。皇穹宇由环转16根柱子支撑，殿内的斗拱和藻井跨度在我国古代建筑中是独一无二的。东殿殿内供奉大明之神（太阳）、北斗七星、金木水火土五星、周天星辰等神牌，西殿则是夜明之神（月）、云雨风雷诸神的神牌供奉处。

　　皇穹宇院落周围的圆形围墙高约3.72米，厚0.9米，墙身用山东临清砖磨砖对缝，蓝琉璃筒瓦顶，这就是著名的"回音壁"。当人们分别站在东西配殿的后面靠近墙壁轻声讲话时，虽然双方相距很远，但是可以非常清楚地听见对方讲话的声音，并且还有立体声效果。这是因为圆形十分光滑，对音波的折射达到了这种效果，证明了500多年前的中国人已经能够运用声学原理。

攻略

1. 公园四个大门处都有多种语言的电子讲解机，中文租金10元，其他语言40元，押金100元，租赁时间：8:00—17:00。
2. 公园南门处有团队导游服务，中文讲解五人以下100元，五人以上200元，英文讲解在中文收费基础上加收50元。服务时间：8:00—17:00，需要提前两天预订。
3. 每个殿堂景点每隔20分钟会有一次免费讲解，并视游客容量增加讲解频度。
4. 天坛内部有很多专柜，专门经营各种天坛纪念品，如名片盒、邮票、镇尺、斋戒铜人、笔筒、折扇等，可以买些作为纪念。
5. 公园内有一家天坛甜品店，这里出了一款天坛IP雪糕，其状如天坛，买来打卡照相完了再品尝一翻，别有滋味。

亲子研学

三音石

　　皇穹宇殿前甬路从北面数前三块石板叫作"三音石"。当站在第一块石板上击一下掌，只能听见一声回音；当站在第二块石板上击一下掌，就可以听见两声回音，当站在第三块石板上击一下掌，便听到连续不断的三声回音。这就是把这三块石板称为"三音石"的原因。

❷ 祈谷坛

　　祈谷坛是举行孟春祈谷大典的场所，主要建筑有祈年殿、皇乾殿、东西配殿、祈年门、神厨、宰牲亭、长廊，附属建筑有内外墙墙、具服台、丹陛桥。祈谷坛的祭坛为坛殿结合的圆形建筑，是根据古代"屋下祭帝"的说法建立的。坛为三层，高 5.6 米，下层直径 91 米，中层直径 80 米，上层 68 米；殿为圆形，高 38 米，直径 32.7 米，三重蓝琉璃瓦，圆形屋檐，攒尖顶，宝顶鎏金。

　　祈年殿由 28 根金丝楠木大柱支撑，柱子环转排列。中间 4 根龙井柱，象征着一年的春夏秋冬四季；中层 12 根大柱比龙井柱略细，名为金柱，象征着一年的 12 个月；外层 12 根柱子叫檐柱，象征着一天的 12 个时辰；中外两层柱子共 24 根，象征着二十四节气。

　　皇乾殿坐落在祈年殿以北，是一座庑殿式大殿，覆盖蓝色的玻璃瓦，是专为平时供奉"皇天上帝"和皇帝列祖列宗神牌的殿宇。神牌均供奉在形状像屋宇的神龛里，每逢农历初一、十五，管理祀祭的衙署定时派官员扫尘、上香。

解说

　　圆丘坛和祈谷坛中间有座丹陛桥，是连接祈谷坛和圆丘坛的轴线，长 360 米，宽 30 米，桥上有三条石道，中为神道，东为御道，西为王道，北高南低，北行令人步步登高，如临天庭，可以走一走。

Follow Me 北京深度游

❸ 神乐署

神乐署位于天坛西外坛，为明清时期演习祭祀礼乐的场所，被誉为明清两代最高的礼乐学府。神乐署始建于明永乐十八年（1420年），初称神乐观；清乾隆八年（1743年）改神乐观名为神乐所；清乾隆十九年（1754年）定名为神乐署。

神乐署的正殿原为明清两代演习祭祀礼乐的殿宇，为歇山顶单檐古建筑，坐西向东，六楹五开间，东西向设穿堂门，殿内面积达600平方米。现开辟为"中和韶乐"展演区，举办古代祭祀乐舞展演，同时作为中和韶乐乐器钟、磬的主要展馆。

攻略

1. 祈年殿西柏树林西侧是北京城最大的一片丁香林，占地6300平方米，种有丁香200多丛，树龄近50年，在北京城已十分少见。天坛的菊花也以品种多、养护水平高闻名，著名的有"瑞雪祈年""丹陛金狮"等。

2. 神乐署的凝禧殿中和韶乐展演厅每天有6场表演，每场15分钟，用现场演奏的方式介绍中和韶乐及中国古代八音乐器。

❹ 斋宫

斋宫位于天坛西坛门内，顶部用蓝色琉璃瓦覆盖，表示在天之前不敢称尊。殿前的露台上设有时辰碑亭和斋戒铜人亭，身穿古代文官服，手持一刻有"斋戒"二字的铜牌，相传是仿唐代宰相魏征而制。正殿后是五间寝宫，为皇帝祭祀前斋戒的地方。此外，这里还有茶果局、膳房、什物房等辅助建筑，所有房屋都是五间一套，南北、左右对称。

斋宫正殿呈红墙绿瓦，分外壮观。据说这种绿瓦表示皇帝在此不敢妄自尊大，而只可对天称臣。斋宫正殿是一座无梁柱砖结构拱券建筑，故又称"无梁殿"。

攻略

老城区 |

美食　饕餮一族新发现

天坛公园周边有很多老北京小吃店：三元冷饮店有最正宗的宫廷奶酪；左邻右舍褡裢火烧有很多正宗小吃，如褡裢火烧、麻豆腐、炸灌肠、芥末墩、酥鲫鱼等；还有老北京炸酱面大王，这里有正宗的京味炸酱面；老磁器口豆汁店的豆汁更不可错过了，配着清真小吃焦圈和咸菜丝儿，别有一番风味；宏源南门涮肉城物美价廉，值得一去。

购物　又玩又买嗨翻天

天坛东门附近的红桥市场（天坛东路9号）是20世纪90年代建设的一座购物广场，现在称为京城珍珠第一家，里面除了出售珍珠，还出售服装、电子产品等，有很多外国人前来淘货。由于经常接待外国游客，这里无论店主还是导购员，人人都能说一些常用的英语。在这里买东西是可以讲价的，如果慧眼识货，能买到物美价廉的商品。

住宿　驴友力荐的住宿地

天坛附近既有价格低廉、口碑极好的普通酒店，也有环境优雅、服务一流的高档酒店，首都宾馆（北京市东城区前门东大街3号）、太姥山国际商务酒店（东城区建国门内大街弘通巷4号）等知名酒店都位于这一区域，条件优越，交通便利。

行程推荐　智慧旅行赛导游

两小时游览路线推荐：公园南门—圜丘—回音壁—九龙柏—丹陛桥—祈年殿—出祈年殿西门向西—神乐署—斋宫—西门出；公园北门—祈年殿—丹陛桥—九龙柏—回音壁—圜丘—出圜丘南门向西—神乐署—斋宫—西门出。

东四周边

"原汁原味"四九城

微印象

@随缘珍惜：东四的胡同是具有老北京特色的胡同，各胡同内名人古迹甚多，当年的风云人物不少都曾在东四胡同内留下历史的痕迹。

@-宝宝-：北京多的是胡同，来北京一定要胡同游，才能感受和体验老北京的文化和历史。在高楼大厦的背后，延伸它悠长的影子。这是一座奇怪的城，一方面，让人感觉都市的现代气息；另一方面，灰砖灰瓦的四合院和墙上的衰草又写着沧桑。

门票和开放时间
门票：无须门票，部分景点需单独购买门票。
开放时间：全天开放，具体景点开放时间以景区公告为准。

最佳旅游时间
东四及周边具有浓郁的历史风情，四季皆宜。

进入景区交通
位置：北京市东城区。
地铁：乘坐地铁5号线在东四站或张自忠路站下车，即可进入东四的胡同区范围。

景点星级
人文★★★★　特色★★★★　休闲★★★　美丽★★★★　浪漫★★★　刺激★★

老城区 I

　　东四，位于北京东城区中部，东四北大街东侧。元代称十字街。明代时在十字路口四面各建一座四柱三楼式木牌楼，又因位居皇城之东，故称东四牌楼，简称东四。牌楼随时间消失后，东四作为地名一直沿用至今，泛指东四南大街、东四北大街、东四西大街、朝阳门内大街交会处及附近地区。主要建筑古迹有孚王府、崇礼住宅、南新仓、大慈延福宫建筑遗存、段祺瑞宅等。

　　东四北大街南端地处东四商业圈，北端地处北新桥商业圈。东四地区有一些四合院保存完好，还有华侨大厦、隆福广场等，非常值得一游。

❶ 中国美术馆

　　中国美术馆是目前国内最大的美术馆，是中国唯一的国家造型艺术博物馆。1963年6月，毛泽东主席为美术馆题写了"中国美术馆"的馆额。

　　中国美术馆的主体大楼为仿古阁楼式建筑，黄色琉璃瓦大屋顶，四周有廊榭围绕，具有鲜明的民族建筑风格。中国美术馆收藏有各类美术作品11万余件，馆内举办的各类活动很多，包括个人画展、群体画展、影展、书法展、儿童绘画、民间美术作品等展览，活动十分频繁。

❷ 老舍故居

　　老舍先生在北京居住过的地方共有10处，乃兹府丰盛胡同10号（今灯市口西街丰富胡同19号）是他在新中国成立后居住的地方。老舍在这里居住的时间最长，其人生成就也最辉煌，他人生的最后一段时光也是在这里度过的。

　　在这里，老舍曾接待过许多著名艺术家和中外友人，并且写下了《龙须沟》《茶馆》《神拳》等20多部著作。小院中有老舍先生当年亲自栽下的两棵柿子树，每逢深秋时节，柿树缀满红柿，别有一番诗情画意。在老舍故居中，可以深切地感受到老舍先生骨子里浓浓的北京情怀。

Follow Me 北京深度游

❸ 史家胡同

　　史家胡同东起朝阳门南小街，西至东四南大街，南与东、西罗圈胡同相通，北邻内务部街胡同。整条胡同宽阔敞亮，胡同两侧建筑整齐，多为深宅大院。胡同在明代属黄华坊，清代属镶白旗，1965年整顿地名时，将京华、官学大院并入，一度改称瑞金路十八条，后恢复原名，著名景点有史可法祠堂。

　　史家胡同不仅历史悠久，胡同里还名人辈出，处处洋溢着浓浓的书香。近代中国许多名家学者，如梅贻琦、赵元任、胡适等，皆从史家胡同开始了他们的精彩人生。

❹ 南新仓文化休闲街

　　南新仓是明清两代京都储藏皇粮、俸米的皇家官仓，明永乐七年（1409元）在元代北太仓的基础上起建，至今有600余年历史。这里凝聚着古代劳动人民勤劳、勇敢、智慧的结晶。

　　南新仓文化休闲街具有"新的在旧的中，时尚在历史中"的特色。街区由南新仓古仓群、仿古建筑群和南新仓商务大厦底商组成。现有30余家商户进驻经营，业态分为文化、休闲两大类，涉及艺术文化、演出文化、美食文化等。文化类的有艺术画廊、音乐传播中心、影视文化俱乐部、文化传媒工作室、昆曲小剧场、会所等；休闲类的有中外特色风味餐厅、酒吧、茶苑等。

专题
东四胡同里的故事

东四最知名的，大概就是这里的胡同，它们见证了不同时期的历史，站在这里，就仿佛可以看见那些流淌的往事。

东四头条： 因原外交部大楼建设，东四头条从中间被截断，成为一个"半截胡同"。东四头条1号院曾是中国社科院宿舍，钱钟书、杨绛、戈宝权、卞之琳、余冠英、罗念生等人曾在此居住，撑起新中国文学半边天。著名相声大师侯宝林先生故居在头条19号。

东四三条： 这里既有豪宅阔府，也有窄巷杂院。三条至八条胡同起源于元朝，街巷严格遵循元代大街宽24步、小街宽12步的规矩建造。而三条又显得格外气派，据说清代时路北一共才住了四户人家，都是达官显贵。京剧名伶孟小冬曾住在三条65号。

东四六条： 位于东四六条的崇礼（清光绪时大学士）住宅号称"东城之冠"，是目前北京最具有代表性的四合院之一，也是唯一被列为国家级文物保护单位的私人住宅。"七君子"之一、爱国人士沙千里，曾住在东四六条55号。

东四八条： 八条胡同71号院，为著名教育家叶圣陶的故居。八条111号，是民国时期总理朱启钤的故居，朱先生在1929年创办了我国第一个研究本土古代建筑的民间学术机构——中国营造学社，集中了梁思成先生、王世襄先生等一大批古建筑学家，为国家做出了突出贡献。在1954年和1962年，周恩来总理曾两次前往八条胡同看望朱先生，并为其庆祝九十寿辰。

东四九条： 九条69号，民国时期中国银行总裁冯耿光曾在此居住。1924年，京剧大师梅兰芳先

Follow Me 北京深度游

生以此花园和亭子为外景，拍摄了电影《黛玉葬花》。

东四十条：改建后的东四十条，让十条胡同变成了气派的大街。从十条往东就到了北京工人体育馆，往西就到了铁狮子胡同，也就是如今的张自忠路。东四十条地铁站和新保利大厦分别被评为"北京80年代十大建筑"和"北京当代十大建筑"。

东四十三条：十三条西段，明代旧称汪家胡同，清代时曾经为乾隆皇帝代笔写过许多诗文的著名书法家汪由敦就住在这里。汪由敦病故后，乾隆还曾亲临十三条胡同来祭奠他。十三条97号，是著名诗人艾青的故居。

攻略

美食 饕餮一族新发现

东四距离王府井、东单都很近，这两个地方有很多大商场，可以选择就近用餐。

当然如果想要体会一下老北京的风情，东四附近的隆福寺小吃街一定不容错过。这里是老北京小吃的聚集地，可以吃到各式各样的北京风味美食，有正宗的豆汁、焦圈和卤煮，还有各式烤串，让人大快朵颐。

东四二条的百米粒（东城区东四二条23号）是北京很出名的"文艺湘菜馆"，其特色菜有绝味鸭、铜锅饭、米豆腐等。

钱粮胡同的然寿司（钱粮胡同16-2号）低调得连招牌都找不到，却是北京数一数二的日料店。

"吾十"（东四五条50号）是最近京城很活跃的社交据点之一，资深媒体人出身的老板卡生又在"吾十"旁边开出一家新店"吾肆"（东四五条54号），主打威士忌。

老城区 |

住宿　驴友力荐的住宿地

　　东四十条附近有很多别具特色的酒店，它们从外观上看古色古香，内部也别有洞天，到处都体现着老板独特又绝妙的品位。

　　古城老院酒店（东城区魏家胡同26号）是北京独具特色的四合院酒店之一，也是全球奢华精品酒店联盟旗下的酒店之一。酒店的住宿空间很有特色，想要体验奢华的游客可以来此一住。这里的法餐厅也别具一格，口味浓郁，口感轻盈，每道菜都像一件艺术品。

　　北京阅微庄四合院宾馆（东城区东四四条37号）所在的宅院据说是纪晓岚的旧居之一，是传统的中式两进四合院院落，全部陈设采用明清等时期的古典复古家具，可让你亲身感受老北京民居的生活情趣与审美品位。

娱乐　城市魅力深体验

　　东四不仅有很多历史悠久的建筑，最近也出现很多精致的小店和酒吧，闲暇时光来这里坐坐，一定感觉非常惬意。

　　在侯宝林故居旁，有座非常潮的小店 Fruity Shop，不过这里不卖鲜榨果汁，卖的是"精神的果汁"——音乐。这家小店是京城数一数二的黑胶唱片店，同时还是一处充满前卫色彩的电子音乐Live House。

　　石雀胡同口的"熊猫啤酒"展现了当代中国青年对潮流文化的选择性理解：看上去要时髦，促销手段要给力，至于最核心的口味嘛，就不用那么较劲了。

　　东四十条旁的图兰多音乐吧是一间特色鲜明而浪漫幽雅的意大利情调的音乐咖啡吧。这里除了每日提供特色咖啡外，还提供免费的音乐杂志、演出资讯和剧目介绍。

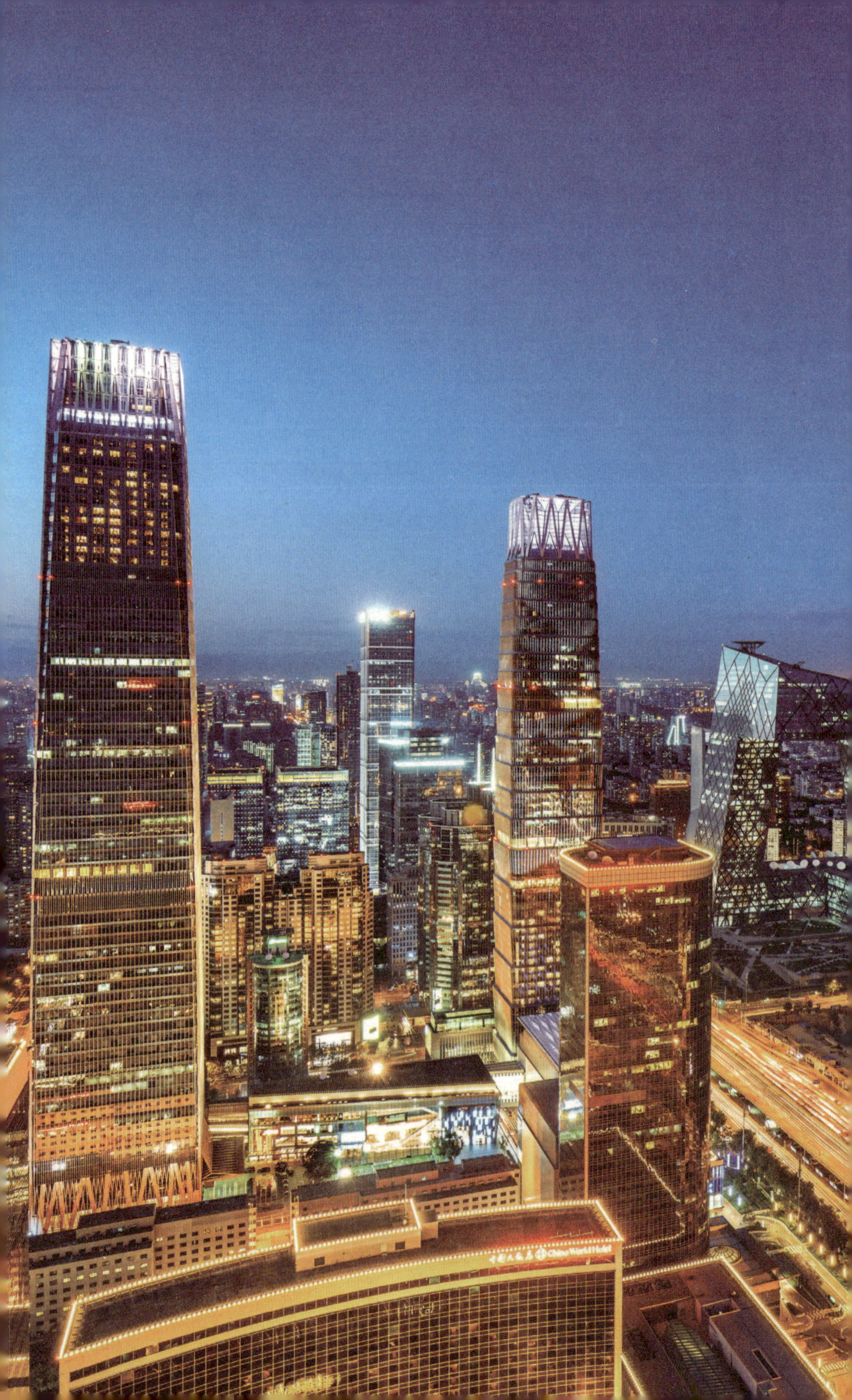
China World Hotel

第 2 章
新城区

奥林匹克公园及周边
北京CBD
三里屯
798艺术区
北京欢乐谷及周边
颐和园
香山公园
卢沟桥文化旅游区

奥林匹克公园及周边
亚洲最大城市中心公园

微印象

@rainbow_423：亮起灯的水立方和鸟巢很漂亮，下沉广场上很多中年人在跳舞、扭秧歌，或三五成群聚在一起聊天。这边是敲锣打鼓地跳着扇子舞，那边是在跳着健身操，这才是真正的生活，真正大气的北京。

@xiaomiaomili：公园环境很好，尤其是湖里的鱼儿十分漂亮，小河流水感觉非常惬意。晚上夜景也很漂亮，水立方、鸟巢和玲珑塔在灯光的衬托下有一种梦幻的感觉。

门票和开放时间
门票：鸟巢、水立方、冰丝带联票158元；单票鸟巢100元，水立方30元，国家体育馆20元，中国科学技术馆30元，森林公园免费。

开放时间：6:00—22:00。

进入景区交通
位置：北京市朝阳区，北京城中轴线北端，北至清河南岸，南至北土城路，东至安立路和北辰东路，西至林翠路和北辰西路。

地铁：乘坐地铁15号线或8号线到奥林匹克公园站下车，或者乘坐8号线到森林公园南门站下车。

景点星级
人文★★★　特色★★★★　休闲★★★★★　美丽★★★★　浪漫★★★　刺激★★

新城区 |

奥林匹克公园位于城市中轴线的北端,是举办北京2008年奥运会的主要场地。园区拥有亚洲最大的城区人工水系、亚洲最大的城市绿化景观、世界最开阔的步行广场、亚洲最长的地下交通环廊,包括森林公园、奥运中心区、中华民族博物院三大部分。奥运中心区有14个比赛场馆和奥运村、记者村。公园中还有最大的露天剧场。

攻略

1.中心区北部有用以展示国家非物质文化遗产的及各地多彩民间文化的"祥云小屋",这些"神珍"的展厅在不大的空间内主要集中向中外游客展示自然风貌、风土人情、特产、工艺品等,大部分小屋内都有民间传统艺人的现场制作表演,值得一看。

2.公园有3个旅游咨询点,分别位于北四环北侧、水立方西侧及公共区东南侧游客停车场附近。

图中标注：
- ③ 国家会议中心
- ③ 国家体育馆（折扇）
- ② 国家游泳中心（水立方）
- ⑥ 中华民族博物院
- ⑤ 奥林匹克森林公园
- ④ 中国科技馆（鲁班锁）
- ① 国家体育场（鸟巢）
- 奥体中心

奥林匹克公园示意图

① 国家体育场（鸟巢）

国家体育场是第29届奥运会的主场馆,是由一系列钢桁架围绕碗状座席区编织而成的"鸟巢"外形,其空间结构新颖,建筑和结构浑然一体,看起来独特、美观,具有很强的震撼力和视觉冲击力,充分体现了自然和谐之美。现在这里成为文化体育、健身购物、餐饮娱乐等综合性的大型场所,并成为具有地标性的体育建筑和奥运遗产。

Follow Me 北京深度游

攻略

1. 在鸟巢一层南侧及北侧分别设有游客信息服务中心，有多媒体导览项目。
2. 从广场上很容易拍到鸟巢全景，从人工湖旁将鸟巢和它在水中的倒影可以同时收入画面之中，效果很好。
3. 每年冬季，鸟巢都会举办欢乐冰雪季，届时会有滑雪、雪圈、冰上碰碰车、雪地骑乐世界、冰壶、雪地摩托等项目。
4. 公园中心区有一个地下9米的下沉花园，其两侧是大型购物中心和地铁的出入口，广场上经常会有许多跳舞、扭秧歌的群众，非常热闹，可以逛一逛。
5. 鸟巢旁有玲珑塔，顶层为观光层，可登顶俯瞰整个公园。

② 国家游泳中心（水立方）

国家游泳中心在奥林匹克公园景观大道西侧，又称"水立方"，是2008年奥运会的主游泳馆。水立方是根据细胞排列形式和肥皂泡天然结构设计而成的，它的ETFE膜结构已成为世界之最，能为场馆内带来更多的自然之光。水立方与鸟巢分别位于中轴线两侧，一方一圆，遥相呼应，构成了"人文奥运"的独特风景线。奥运会后这里成为了集游泳、运动、健身、休闲于一体的水上乐园，其著名景点有嬉水乐园、探秘馆、水滴剧场。

攻略

1. 游人可到水立方内游泳，50元/两小时（包括沐浴更衣），需深水考核。
2. 场内还有嬉水乐园，有深海龙卷风、魔幻漩涡、翻江倒海、急速暗涌、海底总动员、魔方城堡、海底穿梭、疯狂海啸、泡泡池、梦幻漂流、水魔方大舞台等项目，门票200元/人，包含所有水上游乐项目及表演，餐饮、购物及物品租赁等需要另行付费。
3. 水立方南楼四层中部有个水滴剧场，每天都会循环播放奥运公益宣传片和3D收费片（20元），从9:30至16:35会播放水立方奥运传奇、3D片海龟之旅等。

③ 国家体育馆（折扇）

国家体育馆由主体建筑和与之相连的热身馆及室外环境组成，是目前亚洲最大的室内综合体育馆。体育馆经营区域主要包括五大功能区：大型演艺活动区、大马戏表演及活动区、小型文化活动区、综合服务娱乐区和南广场区及配套休闲草坪。

国家体育馆屋顶曲面近似折扇形，如行云流水般飘逸又富于动感，四周竖向分部的钢骨架与大面积晶莹剔透的玻璃幕墙相映衬，犹如一把张开的中国折扇，彰显出中国文化的内涵。波浪造型的"中国折扇"巧妙地连接了与之南北相应的平顶造型"水立方"和单曲面造型的国家会议中心，使得奥林匹克公园内的城市景观达到协调统一。

❹ 中国科技馆（鲁班锁）

中国科技馆的主体形状既像一个巨型魔方，又像一个鲁班锁，体现了人与自然和科技之间的内在联系。其新馆设有"科学乐园""华夏之光""探索与发现""科技与生活""挑战与未来"五大主题展厅、公共空间展示区及球幕影院、巨幕影院、动感影院、4D影院等四个特效影院，其中球幕影院兼具球幕电影放映和天象演示两种功能。此外，新馆设有多间实验室、教室、科普报告厅及多功能厅。

🧑‍🧒 亲子研学

感受科技的魅力

1. "华夏之光"展厅展示了中国古代科技成就及其对世界文明进步所产生的重要影响，该展区主要展示了古代中国在冶金开采、农业技术、水利机械、纺织、建筑、航海等生产领域取得的重要发明创造和技术创新。

2. 科学乐园是小朋友们接触新知识的好场所，包括科学表演、科学童话等相关项目，主要以面对面的交流为主。

3. "探索与发现"展厅位于主展厅二层，包括A、B两个展厅，A厅设有物质之妙、光影之绚、电磁之奥、运动之律、宇宙之奇五个展区，B厅设有数学之魅、声音之韵、生命之秘三个展区。

4. "科技与生活"展厅位于主展厅三层，包括A、B、C、D四个展厅。各展厅展顶紧密围绕与我们生活息息相关的衣、食、住、行，展示了现代科技是如何影响和改变人们的日常生活，以及在生活中孕育着的科技创新与发展。

5. "挑战与未来"展厅位于主展厅四层，包括A、B两个展厅，主要展示人类面临的重大问题与挑战，展示科技创新对可持续发展的贡献，展示人类对未来生活的畅想。

特别提示

1. 主展厅及科学乐园门票当日有效，若参观途中需要离开再返回，请注意离开前在检票口登记。

2. 科学乐园适合3—10岁的儿童，未带儿童的成年人不能入场，儿童也不可单独入场，需有一名成人陪同。

3. 各特效影视剧场不适合幼儿和老人，1.2米以下的儿童和70岁以上的老年人不能入场，需要注意。

❺ 奥林匹克森林公园

奥林匹克森林公园地处北京城中轴线的北端，以"通往自然的轴线"为设计理念，是亚洲最大的城市绿化景观，北京城区当之无愧的"绿肺"。公园分为南、北两园，中间由一座横跨五环路、种满植物的生态桥连接，南园以大型自然山水景观为主，北园则以小型溪涧景观及自然野趣密林为主，其中最著名的景观是仰山和

Follow Me 北京深度游

奥海。除了美景，这里还是当地居民休闲娱乐之地，观景的同时，还可一观北京人的地道生活。公园面积较大，很多北京市民都会选择周末来这里跑步健身。

攻略

1. 森林公园南园西北部有个体育园，游人可以在这里进行网球、羽毛球、篮球、足球等健身休闲项目。每年的10月份，这里还将举办中国网球公开赛，届时世界网坛顶级巨星都将汇聚于此。
2. 园内景色清新，春天可以来踏青赏花，秋天的红叶和银杏也很美丽。
3. 园内小卖部较少，且价格较贵，建议提前准备一些水和零食。
4. 公园设有3千米、5千米、10千米三种不同的塑胶跑道，你可以根据自己的体力选择。

解说

奥运会后，奥林匹克森林公园向公众免费开放，成为集旅游观光、休闲娱乐、体育健身等多功能为一体的北京最大的公共公园。在这里，您可以闲庭漫步于林间小径，呼吸繁华城市中一份天然绿色的新鲜空气；亦可换上运动鞋，在绿树与鲜花簇拥的公园主路上慢跑健身，享受有氧运动带来的乐趣；老人可乘坐观光电瓶车，饱览园中的山水美景；情侣可骑乘双人自行车，在大自然中享受浪漫的二人世界；一家三口可乘坐游船，荡漾在碧波之中，欣赏着湖中成群的锦鲤，欢度一个愉快的周末。

点赞

👍 **@健康饮食的小丫头**：很喜欢这个美丽的公园，最喜欢夏秋的这里，空气里有股甜甜的味道，再加上绿茵茵的树木、蓝蓝的天空，非常适合锻炼休闲。

👍 **@huchunm**：奥林匹克森林公园真是不错，在闹市区中有这么一块安静的地方，很是难得。进入公园，身边喧嚣的一切都远离了，只有美丽的风景和流动的湖水，这才叫生活。

❻ 中华民族博物院

中华民族博物院（中华民族园）是一座集复原、收藏、陈列和研究中国56个民族文化、文物、社会生活的大型人类学博物馆，分南北两园，园内建有民族村寨36个，还有民族博物馆、民族展览馆、雕塑广场及若干自然景观。北园的民族村寨建有国内最大的铸铁望以及仿真的热带林、水中溶洞、盘龙瀑布、阿里山神木和沧源壁画等。游人还能欣赏和参与各民族的歌舞、节庆、生产、习俗、竞技和技艺等表演活动，每天都会有十多支民族表演队活跃在各个村寨中，完成吹笙、对歌、弹琴、纺纱、蜡染等表演，构成一幅独特的民族风情画。

新城区

攻略

景区交通 游遍景区不犯愁

1.摆渡车：在鸟巢一层基座围栏内侧有鸟巢爱心摆渡车，着重为1.2米以下儿童、60岁以上老人及残障人士提供服务。此车在南北侧售票入口处各设置一个上车点，每天两辆车逢半点发车，绕场馆运行。

2.电瓶车：南门可以租双人电瓶车（100元/时，押金300元）、双人自行车和四人自行车。但周末去会很难租上电瓶车，要是想玩也要排队等候。还有，电瓶车、双人自行车和四人自行车只能游览园区的一半，如果想游览全园还是要步行（一圈走下来大约要一个半小时）或是乘坐那种大电瓶车。

住宿 驴友力荐的住宿地

园区周围酒店林立，豪华酒店数不胜数，是北京住宿比较集中的一个区域，主要酒店有国家会议中心大酒店（鸟巢西侧）、北辰洲际酒店（公园中心区）等。

美食 饕餮一族新发现

奥林匹克森林公园的东侧和西侧各设有服务中心，可以在这里买到各种食品和饮料。其中不仅有热狗、烤肠等西式快餐，而且还有中餐的盒饭、鲜果捞和爆米花等。

鸟巢一层西侧有鸟巢旅游主题创意餐吧，主要经营中西式快餐、休闲小吃、各式健康饮品。环巢运动休闲吧位于鸟巢一层东侧，主要经营体育礼品、日用品、食品及饮料等。鸟巢三层有园丁园餐厅，主要经营各种套餐并承办酒席。此外，在奥林匹克中心区附近有个北京金子轩酒楼，主要经营川菜和北京烤鸭，就餐环境舒适优雅。

北京CBD
北京时尚前沿新地标

微印象

Xierita：CCTV央视新总部大楼也算北京的标志之一，这里是新建的房子，位于东三环黄金地段。这里非常热闹，周围商业繁荣，很不错的地方。

@cd****ei：秀水街比起一般小商品批发市场，这里环境好很多。大部分售货员都能说两种以上外语。

门票和开放时间
门票：无须门票。
开放时间：秀水街9:30—21:00，世贸天阶10:00—22:00。

进入景区交通
位置：北京市朝阳区。
地铁：乘坐地铁1号线在国贸站下车即达。

景点星级
人文★★★　特色★★★　休闲★★★★　美丽★★★★　浪漫★★★★　刺激★

新城区 I

北京商务中心区简称北京CBD，地处北京市长安街、建国门、国贸和燕莎使馆区的汇聚区。这里是诸多世界500强企业中国总部所在地，是中央电视台、北京电视台的新址所在地，也是国内众多金融、保险、地产、网络等企业的所在地，是金融工具的汇集之处，代表着时尚的前沿。

❶ CCTV央视新总部大楼

CCTV央视新总部大楼地处北京CBD商圈，比邻国贸大厦，主要结构形态是一个由交叉三角形网状表面包裹的菱形圆。大楼共由三个建筑物组成：位于西南侧的CCTV主楼、位于西北侧的电视文化中心（TVCC），以及位于东北角的能源服务中心。

❷ 世贸天阶

世贸天阶由南北两翼商业廊和两座写字楼组成，同时拥有阶梯广场等户外场所。商业廊为全石材建筑，风格现代而又蕴含古雅醇厚的内涵，它的上空是亚洲首座、全球第三大规模的电子梦幻天幕。天幕长250米，宽30米，总耗资2.5亿元，由曾获奥斯卡奖和艾美奖的好莱坞舞台大师JeremyRailton担纲设计。天幕整播电影、足球赛、春晚等，同时可以网络互动，也可求婚表白等。天幕一般在天黑之前开启，每半小时放映一次。

❸ 秀水街市场

秀水街是中国最具影响力的国际旅游购物市场之一。这里曾经是一条近三百米的狭窄小巷内的个体小店特色街，经营的多为服装饰品和丝织品，外国朋友常到此游逛。如今的新秀水街紧邻原市场建设，地下三层，地上五层，保持了原市场的商品结构和街道特色，这里最具民族特色的商品有精品服装、丝绸、珍珠、瓷器、茶叶、工艺品及包括全聚德在内的中华美食。

Follow Me 北京深度游 攻略

美食 饕餮一族新发现

国贸附近商城很多，里面的美食应有尽有，除此之外还有很多隐藏在写字楼里的美食店铺，虽然这些店铺大多价格偏高，但十分值得品味。

国贸大酒店（建国门外大街1号）顶层，北京城夜景尽收眼底。这里可以随便出入，就座需消费，最便宜的果汁类55元，并加收15%服务费，另有各类名酒。靠窗位置有限，酒吧每天营业至凌晨。

三五堂（建国门外大街1号国贸商城3期B座F2）是新国贸饭店的全日制餐厅，提供早中晚三餐的自助餐。餐厅环境很文艺，一面绿植墙增添了小清新的氛围，靠窗的位置还能看到央视新总部大楼，用餐环境极佳。

汉舍川菜馆（国贸商城北区四层NL4019）是一家装修很文艺的川菜馆，不仅环境好，菜的味道也超赞，特别是他们家的卤乳鸽入味多汁，让人难以忘怀。

世贸天阶（北京市朝阳区国贸光华路9号）附近有很多室外的咖啡店、甜品店，也有商场。旁边还有朝外SOHO、中骏世界城等现代场所，饭后可以顺便过去看看，街道都很有特点。

购物 又玩又买嗨翻天

国贸商城、SOHO现代城、世贸天阶、富力广场等大量商场汇聚在CBD附近。

世贸天阶除了美丽的夜景之外，很多购物场所也值得逛一逛，例如阿迪达斯在全球只有20多家旗舰店，其时尚直营店也入驻这里；日本国内一家由日本国会议员开设的最高级餐厅也在其中，这是日本餐饮界最高档的餐厅第一次进入中国；还有北京第一家由外国人开的外文书店。

国贸商城作为国贸中心的重要组成部分之一，总建筑面积达10万平方米，营业面积5万平方米，容纳租户近300家。这里拥有多家国际奢华品牌旗舰店和新品概念店引领潮流，时尚、生活、娱乐、餐饮、服务一应俱全，如果需要购物的话一定不要错过。

百丽宫影城位于北京CBD中心国贸商城三期，该影城共5个厅，624座，是中国香港百老汇高端品牌PALACE旗下影院，这里的环境非常好，无论是音响效果还是座椅都很不错。

住宿 驴友力荐的住宿地

国贸附近聚集了很多我国的豪华大酒店，大都价格偏高但氛围很好，游客可尽情体验一把高品位的舒适感。

北京国贸大酒店（建国门外大街1号）高330米，是北京目前最高的酒店大楼。酒店客房平均面积达65平方米，是北京市平均客房面积最大的酒店。所有房间配有全景落地窗，可将故宫及北京景色尽收眼底。

中国大饭店（建国门外大街1号国贸商城1期F2）于1990年开业，树立了北京豪华酒店标准的新标杆，开业以来接待过数十位国家元首和政府首脑。酒店每年接待高级政务、商务客人上百次，承办大型会议等国际商务活动数百场，有北京"第二国宾馆"之称。

三里屯

潮人聚集地

微印象

@止于至善的传说：太古里是标志性建筑，隈研吾参与设计，三里屯太古里的设计灵感来自老北京的胡同与四合院，并融入时尚元素。在传统的基调上，赋予古老事物以时尚的新面貌。通过几何的造型和大胆饱满的用色，赋予每幢建筑独特的外观和个性。

@answer：好地方，绝对好地方，购物首选！交通便利！北京绝对值得去的地方！晚上还有酒吧一条街，绝对特色！买潮牌，北京首选，性价比高！

门票和开放时间
门票：无须门票。
开放时间：全天开放。

进入景区交通
位置：北京市朝阳区三里屯北路东侧。
地铁：乘坐地铁10号线到团结湖站下，步行即可到达。

景点星级
人文★★　特色★★　休闲★★★★★　美丽★★★★　浪漫★★★★　刺激★★

Follow Me 北京深度游

　　三里屯位于朝阳区中西部，因距北京内城三里而得名。作为地片名，泛指左家庄、朝外大街、呼家楼、麦子店合围地域。新中国成立后，三里屯地区开始建起使馆区，之后逐渐发展成为驻华外交人员聚居、购物和举办外事活动的重要社区。如今的三里屯已经成为北京时尚潮流生活的地标。这里著名的酒吧街和夜店，是北京年轻人夜晚娱乐的主要目的地。逐渐兴建起来的购物中心和潮流名品店更让这里成为引领京城时尚的先锋地带。

❶ 三里屯酒吧街

　　三里屯酒吧街位于朝阳区三里屯北路东侧、工人体育场东，是一条因为酒吧众多而出名的街。这里曾经堪称北京夜生活最丰富的娱乐街之一，夜晚的流光溢彩映照着大都市的喧嚣，给人一种"雾里看花"的迷醉之感。目前在进行改造升级，未来将引入轻食、咖啡等更多新业态。

❷ 三里屯使馆区——三里屯银杏大道

　　三里屯银杏大道位于使馆区，道路两边伫立着各个国家的大使馆，一条数百米的街道，坐落着阿根廷、葡萄牙、巴基斯坦、瑞士、丹麦、墨西哥、尼日利亚等国使馆。

　　这条银杏大道虽然位于繁华的东三环边上，但因为使馆区的安保比较严格，比起钓鱼台、北大、清华，来这里的人相对要少些，也是个幽静所在。从三里屯东五街西口到街东口，道路两旁齐刷刷地种着两排银杏树，一到金秋时节就变成了童话世界。

攻略

　　每到11月份，街道两边高大、枝繁叶茂的银杏树一片灿烂。金黄色的树叶挂满枝头、铺满道路，再加上异域风情的大使馆建筑和穿着橄榄绿军装的武警，实在是一道美丽的风景，吸引着无数摄影爱好者来拍摄。需要注意的是，这里是使馆区，安保严格，银杏大道可以随便拍，但是大使馆和门口的武警不能拍。

❸ 太古里

这里无疑是北京城兼具个性与魅力的风尚地标,也是倍具活力与人气的休闲领地。

太古里是三里屯的标志性建筑,由隈研吾等建筑师参与设计,19座低密度当代建筑,分别坐落南、北两区,大胆的用色及不规则的立体几何造型,每幢均独一无二。南区建筑突出时尚活力,用色鲜艳大胆;四通八达的胡同式规划,营建出流畅多变的行进动线;穿行于交错多变的虚实空间,令人悠然流连。北区建筑体现内敛奢华,简洁的钻石型建筑外观,映衬国际品牌的大气端庄;开放式的庭院式整体布局,灵感来源于北京的四合院,整体呈现出开放包容的大都会气质。

攻 略

美食　饕餮一族新发现

在三里屯周边最不缺少的就是娱乐场所,在太古里及周边拥有众多餐厅、咖啡馆、甜品店、酒吧,囊括了世界各地美食。除此之外,还有众多"网红店铺",找个时间约上朋友一起来这里探店也是一件很乐趣的事情。

全鸭季餐厅(三里屯工体北路4号院1949内)隐匿在一处充满艺术气息的安静院落里,是两座联排的废弃红砖厂房。在全鸭季,除了不可错过烤鸭,这里的小菜更是一绝,芥末鸭掌做得很入味,豆腐鸭汤味道浓郁,值得一试。

零擀店(三里屯SOHOF1)面包大师每天亲手现场制作欧式软面包,面包不但营养、好吃,样子还很吸引人,再配上店里的饮品,有吃有喝,坐在休闲椅上,可尽情感受惬意的生活。运气好的话,还可以吃到别的地方难得一见的特供面包。

Follow Me 北京深度游

工人体育场位于朝阳区工体北路，体育场周边汇聚了很多北京知名的酒吧和餐厅，这里没有比赛或者演出的日子，也可以到周边吃吃喝喝，从外面观看一下场馆。

娱乐　城市魅力深体验

在三里屯周边3千米的范围内，"扎堆儿"着大量酒吧，三里屯也成为夜晚北京最热闹的地方。

同里的夜市位于三里屯北街43号同里大厦，在同里门前这条不足百米的小路上，聚集着几十家酒吧、餐厅和各种各样的奇形怪状的小店。

Bar·Blu 蓝吧（新东路12号院首开铂郡南区B1-1-030）每晚22:00有来自菲律宾的Mint乐队，演绎蓝调及爵士曲风，现场极具感染力。Ba·rblu还会定期邀请知名乐队驻场献艺。酒吧2层为客人们提供了多个液晶大屏幕电视和1个大型投影屏幕，人们能够在此观看体育节目直播赛事至深夜。

购物　又玩又买嗨翻天

有大量商户散落在太古里19座当代建筑中，在这个开放式购物中心，聚集了大牌旗舰店、概念店、精品店、北京首家店、中国最大门店和全球最大品牌中心，其中有些精品潮流店更是不容错过。

Popcorn General Store（南区S8-16、17）是一家来自中国香港的潮流店铺，在亚洲也比较有名气，主要卖一些欧美的街头服饰品牌，也有鞋子。

JUICE（南区S8-15）是一家潮店，室内装潢以绿色庭院为主题，店内设有巨大的植物墙壁，采用大量木纹材质和植物盆栽来营造舒适的购物环境，给人一种很舒适的感觉。主要出售潮流品牌衣服、帽子包包、公仔等产品，是一些年轻设计师设计的街头文化产物。

余文乐的MADNESS（南区S6-21b）可以说是近年比较火的品牌了，而全球唯一一家实体店则选择在了三里屯。店铺从木质大门到衣柜再到玻璃货柜，全都是浓浓的工业风，其服装也别具时尚个性。

Page One（南区S2-14a）位置比较显眼，主要卖的是图书，图书涉及的种类十分广泛，类型上你能想到基本都有，装修风格简约舒适。

住宿　驴友力荐的住宿地

三里屯有很多极具特色的酒店，它们的建筑外观大多新颖别致，内部装潢风格也很别致，有机会可以来三里屯过一过夜生活，顺便住宿一晚。

瑜舍（三里屯路11号院1号楼）是三里屯最著名的精品酒店，酒店的房间以简约时尚风格为主，同时在细枝末节处添加了一些中华古典意蕴，两者的结合给人一种舒适的享受。

798艺术区

老建筑和当代艺术的激情碰撞

微印象

@贝贝0130798：艺术区是北京比较创新的一个景点，门口的798大标志一直是大家爱拍摄的主题。里面很大，有很多特色小店，傍晚时的夕阳把798映衬得很美很怀旧。

@优伶优伶：喜欢新奇事物的人，一定要来这里，即使你不愿参观后现代主义的艺术画展，来这里看看老建筑，挑挑新奇物件，拍拍照，喝杯咖啡，也是莫大的享受。

@jessica：不同于南锣鼓巷的怀旧感，798的东西多了一点抽象的艺术感，这在其他创意小店里是看不到的。

门票和开放时间

门票：免费开放，个别展馆单独收费。

开放时间：园区全天开放；画廊和展馆等营业时间大致为10:00—18:00，大部分画廊展馆周一闭馆。

进入景区交通

位置：北京市朝阳区酒仙桥路。

地铁：地铁14号线望京南站下车后步行可达。

景点星级

人文★★★★★　　特色★★★★★　　休闲★★★★　　美丽★★★　　浪漫★★★　　刺激★★

Follow Me 北京深度游

　　798艺术区原为国营798厂等电子工业的老厂区所在地，现已成为北京都市文化的新地标。1950年由苏联援建，厂区的部分建筑采用现浇混凝土拱形结构，为典型的包豪斯风格的建筑，在亚洲亦属罕见。2002年，大批艺术家开始搬进这里，把这里部分闲置的厂房作为艺术工作室，此后越来越多的画廊、艺术中心、艺术家工作室、设计公司和时尚店铺、餐饮酒吧等时尚艺术空间汇集于此。

　　如今的798艺术区已经引起了国内外媒体和大众的广泛关注，成了北京都市文化的新地标。整个艺术区大致可分为六个片区，其中798路两侧的D区和E区文化机构最集中。798艺术节于每年9月底在此举行。这里比较有名的景点有北京季节画廊、白玛梅朵艺术中心、小柯剧院等。

攻略

1. 这里很适合摄影，可以在白天前往拍摄，特别推荐的是活的3D博物馆，站在每幅画前拍完后会发现具有不可思议的立体效果。

2. 各个画廊和展览馆、艺术中心等分布在这一座座改造的厂房内，沿路步行——参观即可。这里还有很多艺术品商店，内有各种特色小艺术品，如彩陶、布艺等，可根据各人喜好去选购。

❶ 尤伦斯当代艺术中心

　　尤伦斯当代艺术中心（UCCA）位于北京798艺术区核心地带，2007年由比利时收藏家尤伦斯夫妇创建。这是798最著名的艺术中心，在展览质量和艺术项目丰富程度上都是最好的，每年都会有许多艺术家和艺术爱好者前往参观。

　　艺术中心的前身是建造于20世纪50年代的工业厂房，红砖墙上大大的"UCCA"几个字母甚是醒目，远远就能看见，大大的烟囱和一个整面的照片墙也很有特点。

亲子研学

培养艺术天分

　　尤伦斯包含了大展厅、小展厅、长廊和甬道四个展示空间，以及悦廊、剧场、报告厅、大客厅、沙龙等多功能厅。这里还开办了儿童创意探索地带，兼具艺术课程、创意工作坊，意在让儿童感知艺术、学习艺术，培养孩子们的艺术天分。

❷ 蜂巢剧场

　　蜂巢剧场是孟京辉特意为《恋爱的犀牛》重新改建的新剧场，作为这部话剧的一个常态演出场地。之所以叫作"蜂巢"，不单是每个细节都有蜂巢的图案设计，更多是暗喻那些像蜜蜂一样，不辞劳苦艰辛、为了戏剧理想不断努力的人们。除了常规戏剧演出之外，蜂巢剧场还会举办画展、摇滚音乐会、戏剧沙龙、戏剧大师班、当代诗歌朗诵会等系列文化交流活动。

❸ 亚洲艺术中心

　　亚洲艺术中心于 1982 年成立，是一家高品质的专业画廊。2007 年正式入驻北京 798 艺术区，成为其在北京的分馆。

　　亚洲艺术中心北京馆占地约 1000 平方米，在 20 世纪 50 年代末期兴建的包豪斯风格厂房基础上改建，融合当代艺术呈现出独特的艺术氛围。北京的画廊成立以来，举办了非常多成功的展览。如果你在 798，如果你正好在亚洲艺术中心，一定也会看到优秀的展览，接受艺术作品的熏陶。

❹ 佩斯北京

　　佩斯北京（Pace Beijing）位于北京 798 艺术区中心地带，占地 2500 多平方米，是目前园内面积最大的空间建筑之一。

　　佩斯北京的展馆是 20 世纪 60 年代的大型锯齿形包豪斯风格厂房，由著名建筑师理查德·格

Follow Me 北京深度游

鲁克曼改造，既保留了原有的建筑形式，又呈现出现代的风格。2008年佩斯北京首展——"遭遇"汇聚了东西方顶级的艺术家的肖像佳作，包括安迪·沃霍尔、亚历克斯·卡茨、查克·克洛斯、辛迪·舍曼、方力钧、李松松、刘炜、马六明、祁志龙等，取得了巨大的成功，为艺术中心打下了坚实的基础。画廊经常举办各种优秀的艺术展览，参观者在这里可以欣赏到来自世界各地的艺术作品。

❺ 火车头广场

751是在北京正东电子动力集团有限公司（原751厂）退出生产的厂房基础之上建成的，这就是如今的北京时尚设计广场，也称751艺术区。

751艺术区是798艺术区的一部分，火车头广场是751的一张名片，20世纪70年代初由唐山机车制造厂制造。为了铭记这辆老机车的功绩和融入一代代751人对它的感怀，特将其更名为"上游（SY）0751"。如今这个"火车头温馨体验区"不仅展示了园区工业文明和休闲娱乐活动，更是成为园区内很多服装设计师拍摄和新人婚纱摄影的首选外景地。

❻ 动力广场

和火车头广场一样，动力广场也属于751艺术区，一排排高大的裂解炉和铁塔锈迹斑斑，纵横交错的管道、巨大的发生罐、高高的烟囱，在经过百盏灯光的照射下变得绚丽多彩。光与影的流转，虚幻与真实的交叠，造就了751D·PARK动力广场。动力广场是园区开展文化交流的平台和进行展览、展示、演艺等大量文化创意活动的重要基地。

攻略

游玩 城市魅力深体验

798艺术区内有很多好玩的店，有的店位置比较隐蔽，如果有时间去逛逛，探一探店的话，将是一次难忘的愉快体验。

1.798里的陶瓷一街基本没有什么游人，陶瓷二街和三街有很多小型画廊，这三条街的很多小巷子进去会有意外的惊喜，尽量不要错过。

2.751艺术区动力广场附近有两个"大圆罐子"，一个叫79罐，一个叫97罐，其中79罐已经被开发成一个巨大的展厅，经常有各种活动，里面很有科幻感。

3.火车头斜对面有一个小柯剧场，是一个全新形式的剧场，致力于生产高品质的改变以往观演关系的具有强烈感官刺激的小柯形式剧，让观众成为演员，也让演员成为观众，每位观众都会融入戏剧的表演过程中，身临其境，有时间可以去体验一把。

住宿 驴友力荐的住宿地

798艺术区所在的酒仙桥路周围有许多酒店，价格涵盖百元至千元不等，住宿问题很好解决。推荐：北京酒仙公寓（酒仙桥路2号）、星城亮马国际公寓（酒仙桥路10号）、全季酒店（大山子彩虹路6号）。

美食 饕餮一族新发现

798艺术区周边的饭馆不多，西门外超市内有呷哺呷哺火锅，对面有一些小笼包之类的小餐馆；西门往南走也有些餐馆。

798艺术区内的餐馆很多，部分价格有点贵，其环境和食品都属上等。欢喜有鱼是家泰式餐厅，冬阴功汤的味道很正宗，据说这里主厨在泰国待了十几年；北门的那家小馆主打宫廷菜，外观是个四合院；小万食堂川菜·酸菜鱼是798里有名的川菜馆，里面空间很大，各种菜品均细腻入味；禅豆素食主推环境，菜品精致，口感偏甜，位置有点难找，建议跟着导航过去。

新城区

北京欢乐谷及周边
体验式生态主题公园

微印象

@xiaoxiazi12：北京数一数二的游乐场，游玩内容很丰富，胆子大的人可尝试水晶神翼、太阳神车、天地双雄。此外，每天下午还有花车巡游，很有意思。

@落小北欢乐谷：是北京所有游乐场中我最爱的地方，每次去都会感受到不同的快乐气氛，完全把城市的喧嚣抛到了九霄云外！

门票和开放时间
门票：成人套票299元，青少年套票260元，儿童套票195元。
开放时间：9:00—22:00。

最佳旅游时间
春秋季最佳，这两个季节温度适中，适合室外游玩大型游乐项目。

进入景区交通
位置：朝阳区东四环小武基北路（四方桥东南）。
地铁：乘地铁7号线到欢乐谷景区站B口出站即到。

景点星级
人文★★　特色★★★　休闲★★★★★　美丽★★★　浪漫★★★　刺激★★★★★

新城区

北京欢乐谷占地100万平方米，由峡湾森林、亚特兰蒂斯、失落玛雅、爱琴港、香格里拉、甜品王国和欢乐时光七个主题区组成，设有120余项体验项目，包括40多项娱乐设备、50多处人文生态景观、10多项艺术表演、20多项主题游戏和商业辅助性项目。

攻略

1. 欢乐谷广场上从早到晚都会有创意杂技、幽默体育、乐队演奏、车展车模等项目，零距离互动表演形式让游人参与其中。
2. 广场上有音乐喷泉，每到夜晚，在多彩的LED灯光映射下，根据不同的音乐旋律不停变换颜色，非常漂亮。

❶ 峡湾森林—亚特兰蒂斯

峡湾森林内主要有华侨城大剧院、欢乐广场、生态树林、华侨城艺术馆、欢乐水岸等景观，浪漫的泉水、幽静的森林带来清新的生态环境体验，梦幻的建筑造型、简洁的色彩线条、时尚的玻璃金属，创造出明朗的现代感受。

亚特兰蒂斯是公园的重点核心区域，再现了一个沉落海底的远古文明的生活场景。主要游乐项目有机关戏水、聚能飞船、魔幻剧场、能量风暴、水晶神翼，主要景观有水晶圣城、大井架、水晶湖等，高69.98米的亚洲第一塑山是全园的标志性建筑。

攻略

1. 这里有环园蒸汽式小火车，可以带上孩子一起乘坐，沿途感受下园内的景色。
2. 峡湾森林内的极限运动场上经常会有轮滑、滑板、赛车的极限竞技，还有街舞、BMX小轮车、扣篮的擂台角逐，很是新鲜。
3. 华侨城大剧院内每天16:00上演大型东方神话秀《金面王朝》，观看需另行购买演出票，票价150—880元。非演出时间游客可免费进入大剧院参观。
4. 在亚特兰蒂斯中心水域有水上表演剧，高台跳水惊险动作、花样跳水、打斗滑稽效果让人目不暇接、忍俊不禁。
5. 魔幻剧场白天会有电影演出，玩累了可以前去放松一下。

❷ 爱琴港—失落玛雅

爱琴港主题区分成三部分——因火山废弃的城镇、新的海湾和文化古迹，在建筑形式上有古代希腊特色的神庙、大型梁柱，也有反映现代希腊特色的小镇建筑。主要游乐项目有特洛伊木马、奥德赛之旅、飞越爱琴海、模拟过山车、奇幻漂流等。

Follow Me 北京深度游

失落玛雅主题区的特色表演有：玛雅太阳神形象展示，引领人们追寻远古的记忆；玛雅天灾，北方前所未见的新型观赏项目，创造性地再现大洪水暴发的灾难场景。主要游乐项目有太阳神车、丛林飞车、大草帽、地穴来风、玛雅天灾、夺宝奇兵。

❸ 香格里拉—蚂蚁王国

香格里拉主题区是一个世外桃源般的小镇，建筑颇具历史感，有纳西城镇。主要游乐项目有天地双雄、雪域金翅、驼峰救险、香巴拉神塔、雪域迷旋、异域魔窟、丛林攀爬、花境漂流。

甜品王国主题区特别适合3—12岁的小朋友，主要有饼干对对碰（爬网、攀岩等）、牛角包城堡、莓饼海盗船、冰激凌大冒险、家庭过山车、甜心飞饼（陆上冲浪）、姜饼旋转木马、尖峰时刻（跳楼机）、饼干秋千（飞椅）、果冻历险记、飞跃牛奶河（水上飞机）和皇宫影院等项目。

攻略

1.在香格里拉的野蜂渡客栈内有影视特技表演，在这里可以看到动作大片是如何产生的，也可以体验一下拍戏的感觉。

2.在香格里拉主题区内还会展演香格里拉经典歌舞、刀梯表演，给人带来浓郁的香格里拉风情。

3.北京欢乐谷的七个主题区都有自己的主题商店。在甜品王国主题区，可可颂美食、本宫的茶主要出售饮品；甜蜜蜜和家庭过山车商店主要出售主题设施相关商品。

点赞

👍 @xingchenghui：花了一整天的时间待在欢乐谷里，真的是欢乐的海洋，里面的娱乐项目很刺激，演出很震撼，尤其《金面王朝》演出，非常值得一看。

👍 @天才的猫：北京欢乐谷很大，项目非常多，坐上太阳神车被甩到空中的感觉很刺激。夏天的时候可以多玩一些水上项目。园内每天都会有各种表演，还可以跟主题人物合照。

攻略

新城区 |

景区交通 游遍景区不犯愁

欢乐谷内设有有偿的代步工具，有环园小火车、老爷车和电瓶车，可以自由选择乘坐。票价：电瓶车每半小时30元，单人60元/时，双人120元/时，押金300元；环园小火车20元/人。

美食 饕餮一族新发现

北京欢乐谷的七个主题区内都有主题区特色的餐饮设施及特色食品。峡湾森林主题区有极限商亭的众多零食齐来挑逗你的味蕾；亚特兰蒂斯主题区的亚特兰蒂斯快餐厅具有山洞式的中式快餐让你体验亚特人的山洞生活；爱琴港主题区的克罗索斯餐厅、雅典娜酒吧等可让你领略欧洲风情；失落玛雅主题区有玛雅快餐厅、TCBY雪糕屋等；香格里拉主题区有香巴拉烧烤屋、茶马驿站等；欢乐时光广场上还有肯德基快餐、香喷喷餐厅、美式自助冰激凌等。总之，每个主题区都有各种各样的特色美食等着你去体验品尝。

行程推荐 智慧旅行赛导游

1.常规游园线路：极速飞车—X战车—欢乐风火轮—雅鲁藏布大漂流—雪域金翅·悬挂过山车—天地双雄—香格里拉餐厅—异域魔窟·鬼屋—喜马拉雅雄鹰·音乐过山车—特技实景剧《燕子李三》—玛雅天灾—奥德赛之旅—海洋之星—华侨城大剧院《金面王朝》—极速飞车快餐厅—《欢乐魔方》城市空间装置体验秀。

2.老人游园线路：环园小火车—皇宫影院—姜饼旋转木马—飞越牛奶河—甜品王国餐厅—雅鲁藏布大漂流—特技实景剧《燕子李三》—玛雅天灾—欢乐世界—特洛伊木马秀—《奇幻东方》万千星光幻影秀—《梦之光》夜光巡游。

3.家庭游园线路：姜饼旋转木马—飞越牛奶河—家庭过山车—疯狂下午茶—蛋糕秋千—甜甜圈餐厅—皇宫影院—果冻历险记—雅鲁藏布大漂流—玛雅天灾—欢乐世界—潜水鱼—模拟过山车—克罗索斯餐厅—特洛伊木马秀—《奇幻东方》万千星光幻影秀。

特别提示

❶ 夏天前往欢乐谷的话，太阳镜、太阳伞是必备的。此外，最好穿舒服的休闲鞋及宽松的休闲衣。

❷ 如果准备玩激流勇进的话，进园之前最好在园区外面购买塑料雨衣，游乐园里面的雨衣价格较贵。

❸ 开始玩之前最好掌握好时间和游玩路线，大型热门项目下午去人会比较少，尽量在非周末去。

❹ 进园之后不要着急拍照，因为傍晚的景色是最漂亮的，而且一些游玩项目是有时间限制的，一定要保证把想玩的项目都玩到了之后再拍照片。

颐和园
皇家园林博物馆

微印象

@andylulululu：颐和园是皇帝的后花园，景致自然是没得说。园里有亚洲最大的长廊，还有著名的十七孔桥，拍起照来很好看，特别是日落时分，值得一去。

@joyice200：颐和园是中国最美的园林之一，如果单说秀丽，也只有苏州的拙政园能有一比；如果说庄严雄浑的气势，那恐怕只有紫禁城能在它之上了。

@一天到晚流浪的牛：颐和园里的池塘很美，塘边的山石、垂柳、林木，加上蓝天白云和干净的湖水构成一幅令人心醉的山水画。

门票和开放时间

门票：旺季（4—10月）30元，淡季（11月至次年3月）20元。德和园5元，佛香阁10元，颐和园博物馆20元，苏州街10元。联票：旺季60元，淡季50元。

开放时间：旺季6:00—20:00，园中园8:00—18:00；淡季6:30—19:00，园中园8:30—17:00。

进入景区交通

位置：北京城西北。

1.地铁：乘坐地铁4号线在颐和园北宫门站或西苑站下车。

2.公交车：乘坐209、330等路公交在颐和园站下车；乘坐303、331、384等路公交到颐和园北宫门下车；乘坐374、437等路公交到颐和园新建宫门下车；乘坐469路公交到颐和园西门下车。

景点星级

人文★★★★★　　特色★★★★　　休闲★★★★★　　美丽★★★★★　　浪漫★★★　　刺激★★

新城区

　　颐和园是我国四大名园之一，原为清代皇家避暑的行宫，是保存最完整的一座皇家行宫御苑。园中主要景点大致分为三个区域：以仁寿殿为代表的政治活动区，以乐寿堂、玉澜堂、宜芸馆等庭院为代表的生活区和以长廊沿线、后山、西区组成的苑园游览区，同时也建有现代化的颐和园博物馆。

　　全园总面积约3平方千米，其中水面占四分之三，主要由万寿山和昆明湖组成。万寿山以佛香阁为中心，有728米的长廊、苏州街、谐趣园等景；昆明湖中有西堤六桥、南湖岛（龙王庙）、十七孔桥、藻鉴堂等代表性建筑。

解说

　　1.在公园主要三个门区（东宫门、北宫门、新建宫门）均有电子显示屏视频咨询服务，在七个门区和游客服务中心提供小药箱、针线盒和轮椅等。

　　2.园内有三处特色商品店，分别是东宫门附近的仁寿门南殿工艺品店、仁寿门外南九卿西三间房工艺品店和排云殿门口的排云殿工艺品店，可以买一些纪念品。

　　3.园内有讲解服务，包括电子语音导游讲解和导游员讲解两种。电子导游分布在东宫门、北宫门、北如意门、新建宫门、南如意门（只能退机）；导游员接待站分布在东宫门、北宫门、 新建宫门及西门区域，共提供8个语种的讲解服务。

攻略

　　1.每年农历初一至初五，颐和园会举行"苏州街宫市"活动，活动期间北宫门外支搭彩牌坊，小广场上设锣鼓队和狮队；北宫门内有"太平鼓"舞蹈和"拉洋片"表演等；苏州街内各铺号的精美年货与外摊的京味小吃相映成趣，非常热闹。

　　2.每年9月中旬至10月上旬，颐和园会举办秋韵桂花节，活动内容包括景区花坛展摆、桂花文化展板及喝桂花酒、品桂花茶、桂花纪念品等，每年都要设定一个主题。

　　3.每年国庆节时，园内会布置各种花卉展示活动，还有各种群众表演。

❶ 仁寿殿—乐寿堂

　　宫廷区位于东宫门至昆明湖东北角岸的平坦地带，东宫门、仁寿殿一带是宫廷区的"外朝"部分，由大殿、配殿、庭院、宫门、朝房、影壁、牌楼及石桥和广场构成。东宫门外的涵虚牌楼是一座三门四柱七楼的木构大牌楼，万寿山佛香阁的景致正处在牌楼柱枋构成的画框之内。

　　仁寿殿是慈禧和光绪住园期间临朝理政、接受恭贺和接见外国使节的地方，为颐和园听政区的主体建筑。1898年，光绪皇帝曾在此召见改良派领袖康有为，揭开维新变法的序幕。

　　乐寿堂始建于清乾隆十五年（1750年），清光绪十二年（1886年）改建，成为慈禧在园内的居住之地。宫廷区的"内寝"部分以乐寿堂为中心，包括玉澜堂、宜云馆等几组大型四合院建筑群和德和园、寿膳房等娱乐及生活辅助建筑，是帝后起居活动的区域。

Follow Me 北京深度游

亲子研学

　　景福阁位于万寿山山脊最东端的制高点上,始建于乾隆年间,清咸丰十年(1860年)全部建筑被毁,清光绪十八年(1890年)重建。阁坐北朝南,建于平台上,这里地势居高临下,东、南、北三面具有很好的视野:向东可以眺望东部园外的圆明三园至畅春园一带的园林区;向南可纵览昆明湖、南湖岛和十七孔桥一带水面的开阔景色,适宜赏雨、赏雪。

❷ 排云殿—佛香阁

　　万寿山前山是颐和园建筑分布最为密集之处,前山的中部铺展着全园的中心建筑群——佛香阁建筑群,以其为轴线,前山的东部和西部散列着一座座或富丽堂皇或精巧雅致的庭院和点景建筑。

　　排云殿、佛香阁景区是颐和园内建筑布局最完整、建筑形式最丰富的中轴建筑群体,殿、阁、廊、亭、桥、坊、碑等建筑约两万平方米。从临水的云辉玉宇牌坊至排云门、排云殿、德辉殿、佛香阁、众香界、智慧海层层升高,排列有序,气势巍峨,将园林、寺庙和宫殿融为一体。此景区始

建于清乾隆十五年（1750年），以大报恩延寿寺为主体，1860年被英法联军烧毁，清光绪年间改建成现在的规模。

❸ 须弥灵境—智慧海

　　须弥灵境是颐和园万寿山后山的主要建筑群，亦称"四大部洲"。乾隆时，清漪园前山的主体建筑群是大报恩延寿寺（现在的颐和园排云殿建筑群），后山的主体建筑群则是另一组藏式佛寺——须弥灵境。这两组建筑其实在同一条中轴线上，但彼此隔着山脊，一个朝南，一个朝北，相互背对着。

　　智慧海在清乾隆时期（1736—1795年）建造，结构用砖石发券砌成，不用梁柱承重，俗称无梁殿。建筑屋顶、壁画均用五色琉璃装饰，并嵌有无量寿佛一千一百一十尊，和殿内佛像均为乾隆时文物。智慧海和殿前牌楼正面和背面的石额题字组成"众香界、祇树林、智慧海、吉祥云"一首佛教的偈语。

> 👍 @m1330166****：颐和园非常大，需要慢慢地逛，细细地品。走遍园子里的每一条小径，从不同角度瞭望，会有不同的感觉，特别是日落黄昏时，真的很有感触。
>
> 👍 @疯狂小猪猪：个人认为这是一个人文与美景合二为一的景点，独特的历史背景向人们诉说那段沧桑的往事，秀丽的山水向人们展示着那段历史沉淀的美丽，值得一去。

❹ 颐和园长廊—清晏舫

颐和园长廊位于万寿山南麓，面向昆明湖，北依万寿山，东起邀月门，西止石丈亭，是中国园林中最长的游廊，1992年被认定为世界上最长的长廊，列入"吉尼斯世界纪录"。廊上的每根枋梁上都有彩绘，共有图画14000余幅，内容包括山水风景、花鸟鱼虫、人物典故等，其人物画均取材于中国古典名著。

清晏舫俗称石舫，在长廊西端湖边，是一条大石船，寓"海清河晏"之意，是颐和园唯一带有西洋风格的建筑。它的前身是明朝圆静寺的放生台。乾隆修清漪园时，改台为船，更名为"石舫"。石舫长36米，船用大理石雕刻堆砌而成。船身上建有两层船楼，船底花砖铺地，窗户为彩色玻璃，顶部砖雕装饰。下雨时，落在船顶的雨水通过四角的空心柱子，由船身的四个龙头口排入湖中。

❺ 昆明湖（十七孔桥、铜牛）

昆明湖是清代皇家诸园中最大的湖泊，并且仿照杭州西湖的苏堤修建成西堤。西堤及其支堤把湖面被划分为三个大小不等的水域，每个水域各有一个湖心岛。这三个岛在湖面上呈鼎足相峙的布列，象征着中国古老传说中的东海三神山——蓬莱、方丈、瀛洲。粼粼的湖水、蜿蜒的长堤，错落的岛屿，以及隐现在湖畔风光中的各式建筑，组成了颐和园中以水为主体的绝色风景。

十七孔桥东接东堤，西连南湖岛，全长150多米，是我国皇家园林中现存最长的桥，因有十七个桥券洞而得名。桥头及桥栏望柱上雕有五百多只形态各异的石狮。桥栏的两端有四只石雕的异兽，威猛雄健，当属清代石雕艺术品中的杰作。

铜牛也被称为"金牛"，卧伏于雕花石座上，神态生动，形似真牛，据传是为镇压水患而置。牛背上铸有乾隆撰写的八十字篆体铭文——《金牛铭》。

攻略

新城区

景区交通 游遍景区不犯愁

1.环保车路线：八方亭（十七孔桥）—秀漪桥—景明楼南口—畅观堂—玉带桥（耕织图）。

2.游船：有手划船、脚踏船、六座仿古电瓶船等小船和大船。小船码头有三处：八方亭码头，手划船80元/时，六客位脚踏船120元/时；文昌阁码头，六座仿古电瓶船200元/时；玉澜堂码头，六座仿古电瓶船200元/时。大船游览11处：排云门环湖、石舫—南湖岛、铜牛—石丈亭、南如意门—对鸥舫、畅观堂（西门）—南湖岛、藻鉴堂水域赏荷（夏季）、宿云檐—十七孔桥，单程40元/人；南如意门—南湖岛、南湖岛—景明楼、南湖岛—玉带桥、苏州街—宿云檐，单程30元/人。

美食 饕餮一族新发现

颐和园内的知春亭、排云殿东九间和石丈亭处有快餐厅，主要经营简餐和面食类。园内还有一处专营宫廷御膳的中华老字号饭庄——听鹂馆，总店位于石舫附近，沿着长廊走到尽头就是分店，位于北如意门处，可以品尝到具有宫廷风味的食品。听鹂馆用餐时间一般为11:00—14:30。另外，游客也可以在清华、北大的食堂或附近的饭店吃午餐。

行程推荐 智慧旅行赛导游

1.东宫门入园：东宫门—仁寿殿—乐寿堂—长廊—排云门—石舫—中御路—苏州街。

2.北宫门入园：北宫门—苏州街—澹宁堂—谐趣园—仁寿殿—德和园—玉澜堂—文昌院—乐寿堂—长廊—排云殿—佛香阁—石舫—耕织图景区—如意门。

3.新建宫门入园：新建宫门—南湖岛—十七孔桥—铜牛—乘船至石舫—耕织图景区—苏州街—佛香阁—排云殿—长廊—乐寿堂—德和园—玉澜堂—文昌院—仁寿殿—东宫门。

香山公园

京西的绿谷"氧吧"

微印象

@softwind2004：10月下旬的香山，满山遍野都是红艳艳的，夹杂些金黄的叶子，十分绚丽多彩，远望就像一幅油画。

@紫微星q：香山因红叶而闻名，每年的11月份，漫山遍野的红叶红似火，洋溢着热情！除了红叶外，香山还适合避暑。

@莉莉苏：每年都会爬一次香山，最爱山下的碧云寺，清净庄严，汉白玉随着时间的推移越发厚重，站在上面往南看，北京城隐约可见。

门票和开放时间

门票：旺季（4月1日至11月15日）10元，淡季（11月16日至次年3月31日）5元，碧云寺10元。

开放时间：旺季6:00—19:30，淡季6:00—19:00。

最佳旅游时间

每年10月中旬至11月上旬是香山红叶最绚丽的时节，红叶节期间游客要比平时有大幅增加，最好能够在周一至周五来。

进入景区交通

位置：海淀区西北郊小西山山脉东麓。

1.有轨电车：地铁10号线在巴沟站换乘有轨电车西郊线，终点香山站。

2.公交车：市区内乘坐563路、318路分别在香山公园东门、香山下车即可。

3.自驾车：北五环至香山路出口，由香泉环岛向西北方向按指示牌行驶即可。

景点星级

人文★★★　　特色★★★　　休闲★★★★　　美丽★★★★　　浪漫★★★　　刺激★★★

新城区 |

"停车坐爱枫林晚，霜叶红于二月花"，这是杜牧描写红叶的诗句。说到红叶，那就不能不提北京的香山。每天秋天，香山那"万山红遍，层林尽染"的景象把整个山川染得通红，令人如痴如醉。

香山公园又叫静宜园，主峰香炉峰（俗称鬼见愁）海拔557米，是北京著名的具有皇家园林特色的森林公园。公园内峰峦叠翠，泉沛林茂，古树葱茏，植有各类树木26万余株，香山红叶多达13万株，仅古树名木就达5800多株。除了枫树林，园内还保留着众多文物古迹，亭台楼阁似星辰散布山林之间，有燕京八景之一的"西山晴雪"，有集明清两代建筑风格的寺院——碧云寺，有国内仅存的木质贴金——五百罗汉，有迎接六世班禅的行宫——宗镜大昭之庙，也有颇具江南特色的古雅庭院——见心斋等。

攻略

1. 在山上卖红叶标本的人很多，价钱也不贵，走的时候可以买点做个纪念。
2. 公园的导游地图上以树叶形式标出了红叶观赏区，观赏区大都位于公园南侧和西侧沿线，可以从公园东门进入，途经静翠湖、双清别墅、香山寺等，后到达和顺门，然后沿和豫路抵达山顶。这一线路上的黄栌、枫树等红叶很多，而且游人少，是秋季拍摄红叶的好线路。
3. 香山内设有模拟滑雪训练场，游客赏过红叶之后，还可以在模拟雪道上学习滑雪的技巧。

❶ 香山寺

香山寺历史悠久，据记载唐代已有吉安、香山二寺。清乾隆年间，在原址上扩建，形成了前街、中寺、后苑独特的寺院格局，御赐"大永安禅寺"，为静宜园二十八景之一。寺庙依山而建，错落有致，严整壮观，曾为西山诸寺之冠。香山寺于1860年、1900年分别遭英法联军和八国联军焚烧，仅存知乐濠、听法松、娑罗树御制碑、石屏等遗存。

Follow Me 北京深度游

❷ 双清别墅

双清别墅位于香山东南侧，因院中有两股清泉而得名，"双清"二字为乾隆皇帝御笔题写。1949年3月，中共中央进驻香山，毛泽东同志就住在双清别墅，并在此指挥了著名的渡江战役。双清别墅现设有上、下两个展室，其中，上展室设有《毛泽东在双清》展览，下展室为毛泽东双清旧居陈列室。

香山公园示意图

新城区 |

攻略

从公园入口处往西至双清别墅一线是市民们休闲娱乐的地方，这片区域有很多亭台楼阁、水流湖池，是拍摄园林小景的好地方。

❸ 香炉峰

香炉峰是香山的制高点，海拔557米，因其地势陡峭、登攀困难而俗称"鬼见愁"。公园先后在顶峰建起三个有特色的亭子："重阳阁"意在九九重阳登之可望京城；"踏云亭"因秋雨后、春雨前缕缕云丝穿行亭内外，犹如踏云一般而得名；"紫烟亭"因晨夕之际的薄雾淡淡如紫色云霭，时隐时现，颇有"日照香炉生紫烟"的味道而得名。站在白玉观景台上，远处昆明湖宛如一盆清水，各式建筑星罗棋布，使游人对北京城有全新的认识。

从公园平台北望可见到石碑一座，上书"西山晴雪"，清乾隆十六年（1751年）立，是燕京八景之一。从"西山晴雪"往下走，过玉华四院、三院，即到山区中心地带的玉华山庄，这里是观赏红叶的好地方。

攻略

1.登上香炉峰的山顶，可俯瞰西山山脉，峰顶一块写有"香炉峰"的石头是游人摄影留念的地方。

2.每年10月中旬到11月上旬，香山公园都会举办红叶节。届时，无论是摄影爱好者还是普通市民都会纷纷前往观看这一美景，其人山人海的场面十分壮观，如果想要安静地拍摄，最好在6:00以前就能够进山。

3.从香山出发散步即可到达中国科学院植物园、北京植物园、卧佛寺等景点，如果体力好的话可以继续游览。

119

Follow Me 北京深度游

> **点赞**
> 👍 @pinganxingf：秋天时的香山美得令人心醉，山上五颜六色的树林煞是好看，有的一整棵树的叶子都黄了，在阳光的照射下金灿灿的，透着亮光，非常漂亮。
> 👍 @思雨620：香山公园历史悠久，以"春天山花烂漫，夏日清爽宜人，深秋红叶飘丹，冬林银装素裹"的自然景观出名，虽然红叶观赏期间游人比较多，但是值得一游。

❹ 昭庙—见心斋

昭庙是清乾隆四十五年（1780年）为接待班禅来京而建的一座大型寺庙，庙内最醒目的建筑就是琉璃塔。琉璃塔是寺内唯一的一座宝塔，塔高近30米，塔顶安放黄色琉璃宝塔，塔身为黄绿色琉璃装饰，整个建筑遍雕佛像，层层檐檐缀有铜铃，起风时铃声清脆而悠远。

昭庙往北可见一道围墙，墙内即见心斋，是公园内唯一的保存较好的古迹，传说是皇帝鉴证大臣是否对他忠心的地方，故名见心斋。小院内建筑布局极富江南情趣，院内半圆形水池三面环以围廊彩画，正殿见心斋上挂"见心斋"匾额，正对知鱼亭，斋后为正凝堂五间，院内东侧为半圆形水池，池内有红鲫锦鲤畅游。

❺ 碧云寺

碧云寺原名碧云庵，位于香山公园内的北面，全寺依山而建，坐西朝东，整个布局是以排列在中轴线上的六进院落为主体，其殿堂依山层层叠起，堪称西山最为美丽的寺院。第一进院落是山门殿，殿内两尊金刚力士塑像是佛教守护寺门的神将，俗称哼哈二将，殿外两侧分列着钟楼和鼓楼；第二进院落是弥勒佛殿，存有明代铜铸弥勒佛像；第三进院落是大雄宝殿，是碧云寺的正殿，殿内的塑像群反映的是佛祖释迦牟尼讲经说法的场景。

攻略

碧云寺内有孙中山纪念堂，堂内正中安放着孙中山先生汉白玉全身塑像，正厅两侧的展览室集中反映了孙中山先生革命的一生，有兴趣可以看一看。

攻略

新城区

景区交通 游遍景区不犯愁

索道：香山索道架设于北门至香炉峰顶，全长近千米，分为上、中、下三站。索道平日单程50元/人，双休日及法定节假日单程60元/人。

美食 饕餮一族新发现

在香山附近你可以找到很多小饭店，大多以环境取胜，还可以透过玻璃观看山景。

距离游客中心不远处有家松林餐厅，四周青松环抱，环境很好。饭店以经营鲁味菜肴为主，特色菜品是具有宫廷风味的"三班九老宴"。

香山附近的"那家小馆"（香山一棵松29号）地处安静角落，有便宜且美味的官府菜。

听蝉轩（香山5号停车场商业配套服务楼A座58号）则一派古雅，可以吃茶食，更有高山茶为伴。

行程推荐 智慧旅行赛导游

1.南线赏杏花路线：东门—静翠湖—翠微亭—香山寺（遗址）—双清别墅，这条线路以观赏山杏花为主。

2.中线赏繁花路线：东门—勤政殿—听雪轩—知松园—枫林村—佳日园—眼镜湖—索道下站—碧云寺，这条路线花卉品种繁多。

卢沟桥文化旅游区
七七事变的历史见证地

微印象

@click_j：卢沟桥是一个缅怀历史的地方，对历史感兴趣的人值得一去，了解一下当年那段惨痛的历史，可从中得到些真谛。

@我爱吃大餐1983：小时候春游就经常来这里，虽然历经近几百年，卢沟桥依然很坚固，桥上的石狮子依旧栩栩如生。

@爱小贝的MM：卢沟桥是大家值得一去的地方，历史意义很大，来这里不仅仅是去看那些古时能工巧匠的精湛技艺，更重要的是这里的一个个栩栩如生的狮子还见证了日本侵略中国的残酷战争，让世人永远铭记。

门票和开放时间
门票：20元。
开放时间：旺季（4—10月）7:00—20:00，淡季（11月至次年3月）7:00—18:00。

进入景区交通
位置：北京市西南约15千米丰台区永定河上。
公交车：乘77路公交车至抗战雕塑园站下车往西走600米即到，乘309、339等路公交车在卢沟新桥站下车往北200米即到。

景点星级
人文★★★★　　特色★★★★　　休闲★★★　　美丽★★★　　浪漫★　　刺激★★

新城区 |

永定河旧称卢沟河，桥便是以河命名。卢沟桥景区的主要景观有卢沟桥、宛平城、抗战雕塑园等。1937年7月7日，中国军队在这里打响了全面抗战的第一枪。

❶ 卢沟桥

卢沟桥始建于1189年，到清康熙初年毁于洪水，清康熙三十七年（1698年）重建，是北京市现存最古老的石造联拱桥，以精美的石刻艺术享誉世界。桥全长266.5米，宽7.5米，最宽处可达9.3米，有桥墩十座，共11孔，整个桥体都是石结构，关键部位均有银锭铁榫连接，为华北最长的古代石桥。在桥的两端各设有华表4根，高约4.65米，无论是近看或远望，其高度与体量同桥的比例很协调，既壮观又优美。桥畔两头各筑有一座正方形的汉白玉碑亭，每根亭柱上的盘龙纹饰雕刻得极为精细。

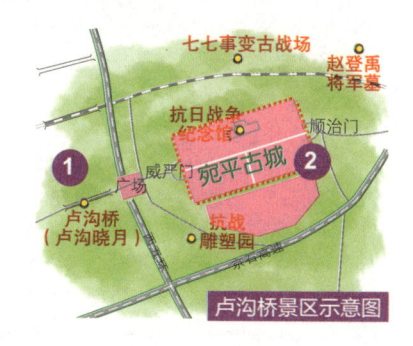

桥身左右两侧石雕护栏各有望柱140根，柱头上均雕卧伏的大小石狮502个，神态各异，栩栩如生。桥东的碑亭内立有清乾隆题"卢沟晓月"汉白玉碑，为燕京八景之一。

攻略

卢沟桥上的石狮子和黎明时分的月亮很有名，所以最好天不亮就来这里参观。石桥柱头上的小狮子据说有502只，每只都不一样，十分可爱，可以亲自数一数。

123

Follow Me 北京深度游

点赞

👍 **@健康饮食的小丫头**：小时候随学校春游秋游来卢沟桥，那时候只觉得卢沟桥上的小石狮子很美很生动；长大后，知道了卢沟桥的故事，更加喜欢这里了，因为这里沉淀着太多过去的故事。

👍 **@tonnybjbj**：卢沟桥是一个饱经沧桑的历史遗迹，站在桥上，看着姿态各异的石狮子，的确有些历史沧桑的感觉。

🧑‍🤝‍🧑 亲子研学

大水漫不过卢沟桥

自古传说大水漫不过卢沟桥，这里面有一个有趣的传说。有一次，玉皇大帝到卢沟桥听当地的城隍土地节说，卢沟桥建得美丽壮观，是鲁班的小女儿和嫂子打赌一夜之间建起来的。他听了很高兴，也很赞赏，说："人间竟有这么大能耐的女孩家，真是了不起，看来大水也漫不过桥喽。"诸神听了玉皇大帝的话，都点头表示赞同。

可是，管海河的龙王听了后心中一震，心想，玉皇大帝的话就是法旨，他说大水漫不过桥，但万一大水漫过了桥，那我岂不就是失职了吗？龙王回到龙宫，便把宫中主要管事的人和九子三女都召集来，群策群力，最后三公主想到一个办法，那就是用铜网把两岸的河堤保护起来，把铁网铺在河底以防大水冲刷，这就是后来人们传说的铜帮铁底。

厚道孝顺的四太子、五太子见小妹都能为父王排忧解难，自己也要为父王分忧。于是，每到汛期，他们兄弟俩就自动趴在桥孔处吸水保株，到如今桥孔仍有两个龙头在吸水呢。自此，永定河两岸没有大的水患，"铜帮铁底、大水漫不过桥"的说法流传至今。

❷ 宛平古城

桥的东头是宛平城，这是一座建于明末拱卫京都的拱极城，1937年7月7日在这里爆发的"卢沟桥事变"点燃了全面抗战的熊熊烈火，城墙上至今还留着累累弹痕。宛平城东西长640米，南北长320米，城门分东西两座，东门为"顺治"，西门为"永昌"，清代改为"威严"。东西城门建有城楼、瓮城和闸楼；南北城墙正中有马道，并在台上盖有楼和兵房；城墙周围有垛口、望孔，下有射眼，每个垛口都有盖板，古称"崇墉百雉，严若雄关"。

新城区 |

如今的宛平城已成为一处具有重大历史意义的纪念地，城内北侧建有中国人民抗日战争纪念馆，城东侧辟为抗日战争烈士陵园，城楼上有七七事变纪念馆和中国古桥陈列馆。

中国人民抗日战争纪念馆是全国唯一的全面反映中国人民抗日战争历史的大型综合性专题纪念馆，纪念馆以图片、影视、多媒体幻灯和电脑触摸屏等现代化手段，加上各种雕塑、蜡像、模拟地形，有声有色地再现了当时的情景。全国抗战馆、日军暴行馆、人民战争馆和抗战英烈馆中的大量珍贵文物，增加了陈列的吸引力，让人们对这段历史有更深刻的了解。

抗战雕塑园雕塑群区占地 22500 平方米，摆放着 38 尊直径 2 米、高 4.3 米、重 6 吨的柱形铜铸雕塑。群雕以国歌为主线，以中国传统碑林形式摆放，以中国民间艺术手法雕刻，按中国人民抗日战争历史过程，分"日寇侵凌""奋起救亡""抗日烽火""正义必胜"四个部分，表现了中国人民不屈不挠的民族精神和大无畏的英雄气概。

解说

中国人民抗日战争纪念馆大厅顶部由15个方形藻井组成，悬挂8面古钟，象征中国人民抵御外族侵略的警钟长鸣。左右两面墙上镶有《义勇军进行曲》和《八路军进行曲》的曲谱，表现了当时全民族抗战的坚强意志。序厅两翼的展厅里陈列着从九一八事变到日本投降这一历史时期的抗战文物及图片资料。

攻略

1. 抗战雕塑园每年都举行各种教育、纪念活动。最著名的有全民国防教育日、卢沟文化节、"醒狮杯"越野跑比赛等。

2. 雕塑园外北侧是距今已有360多年历史的宛平城墙，城墙上依然可见日寇枪炮轰击城垣的斑斑痕迹。有通道可登上城墙俯瞰雕塑园和卢沟桥全景。

攻略

赏月　掌握时机观美景

"卢沟晓月"是燕京八景之一，每当东方露出鱼肚白色，天空残月倒挂，"卢沟桥上月如霜"，此时方可真正体会到"卢沟晓月"之意。因此，卢沟桥赏月的最佳时间就是傍晚和清晨。

卢沟桥距离市中心很近，只需入夜时分在桥头草坪处搭好野营帐篷即可。黎明时分，站在古桥上，凭栏远眺，西山叠翠，月色妩媚，静待美丽月亮倒映在永定河水中，月光最为明媚皎洁时，便可"水调歌头，把酒问月"。

住宿　驴友力荐的住宿地

卢沟桥位于丰台区，周围的住宿地点比较少，可前往宛平城住宿，也可返回市中心住宿。

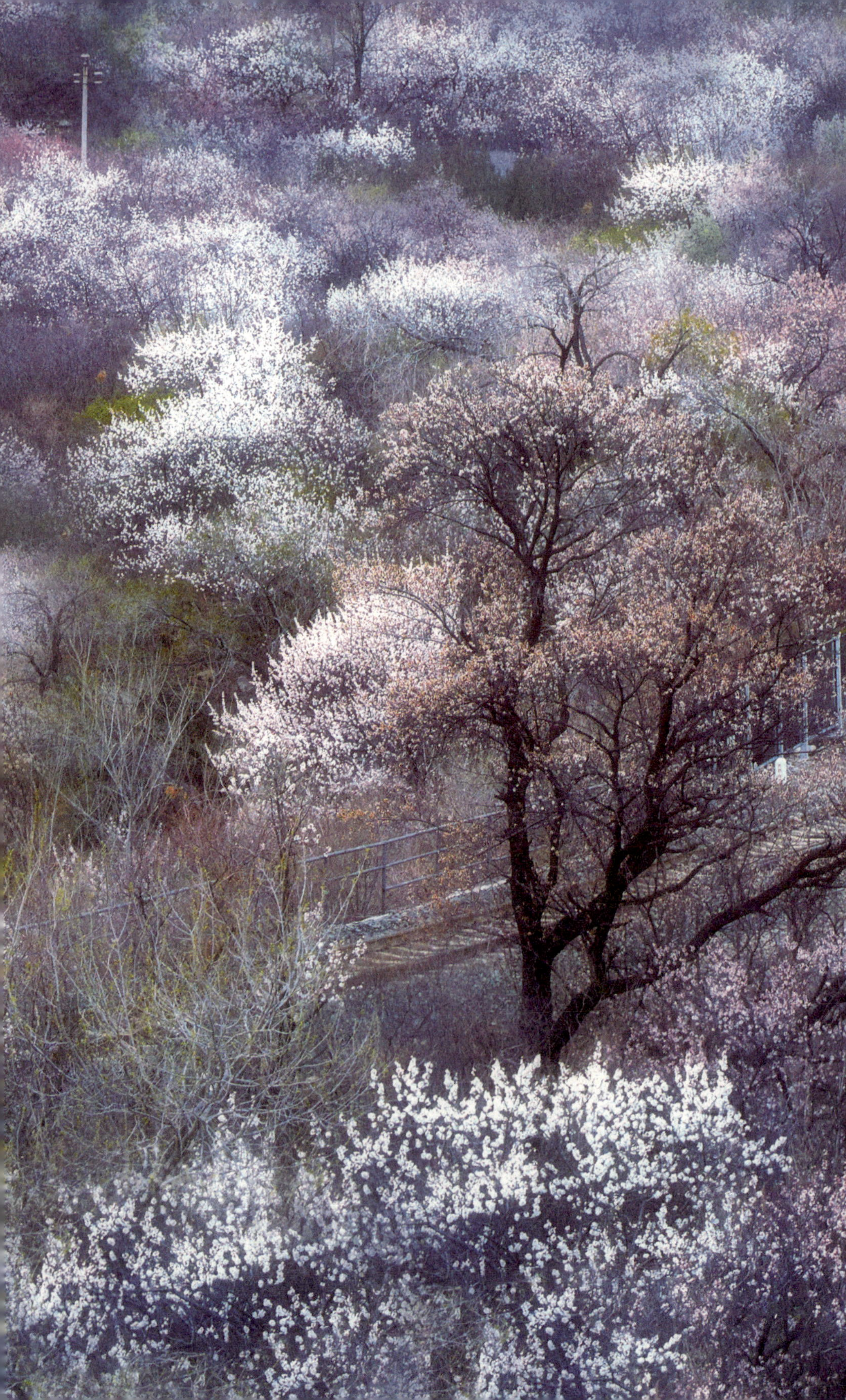

第3章
北部郊区

长城

龙庆峡

明十三陵

喇叭沟原始森林公园

雁栖湖

古北水镇

密云水库周边

南山滑雪场

平谷百里桃花走廊

北京深度游
Follow Me
慢旅行的伴导书

长城
中华大地间的一条巨龙

微印象

@hi绿野仙踪：长城是我们中国的象征，来北京的第一站就应该到这里。爬长城也是个辛苦的体力活，可锻炼人的耐力与毅力。

@亦慈：只有登上长城，才会发现它是多么的雄伟，不得不感叹这工程的壮大。去长城还是要自己爬上去才好，站在好汉坡上才能体会到"不到长城非好汉"的感觉！

门票和开放时间

门票：八达岭、居庸关、慕田峪4—10月40元，11月至次年3月35元，金山岭65元。

开放时间：八达岭4—10月6:30—16:30，11月至次年3月7:30—16:00；居庸关4—10月8:00—17:00，11月至次年3月8:30—16:00；慕田峪3月16日至11月13日周一至周五8:30—17:00、周六日7:30—16:30，11月14日至次年3月15日9:00—16:30。

最佳旅游时间

游览长城四季皆宜：春季百花盛开，长城周边万紫千红；夏季群山墨绿苍翠，长城穿梭于其中；秋季漫山红遍，层林尽染；冬季雪飘万里，一派银装素裹之象。

进入景区交通

位置：分别分布于延庆、昌平、怀柔境内。

1. 八达岭：可在德胜门站乘坐877、880或919路公交车到八达岭站下。在黄土店乘坐市郊铁路S2线，在八达岭站下车；在北京北站乘坐D6703、D6709次列车，在八达岭长城站下车。
2. 居庸关：在德胜门乘坐919路公交车在居庸关下车。
3. 慕田峪：在前门公交站、地铁芍药居站、东直门枢纽站乘坐慕田峪旅游专线；自驾车走京承高速在北台路出口出，沿着路牌指示即可达到。
4. 金山岭：东直门汽车站每年4—11月开通金山岭长城旅游专线车，发车时间为周六、周日、其他法定假日的每天8:00，15:00返回。

景点星级

人文★★★★★　特色★★★★★　休闲★★★★　美丽★★★★　浪漫★★★　刺激★★★

北部郊区 I

长城是中国古代的军事防御工事,其修建历史可上溯到西周时期,秦始皇统一六国后,长城始有万里长城之称,长城在我国的河北、北京、山西、陕西、内蒙古等多个地区均有分布,北京境内的长城绵延600余千米,是万里长城的精华。长城被誉为世界中古七大奇迹之一,始建于秦始皇时期,经过历代的增补修筑,现在我们能看到的长城大都是明代所建,著名的八达岭长城是最具代表性的明长城之一。

❶ 八达岭长城

八达岭长城蜿蜒腾跃于燕山山脉的崇山峻岭,是万里长城中名声最大、保存最完整的一段,它是万里长城的杰出代表,是明长城中最为精华的地段。毛主席的"不到长城非好汉",说的就是这里。

目前,八达岭长城对外开放长度为3700多米,有城台、墙台21座。它危楼高耸,雉堞连环,凭险而居,自古便是兵家必争之地,是护卫京城的重要门户,素有"北门锁钥"之称。

Follow Me 北京深度游

攻略

1. 南一楼是从检票口登长城之后往南的第一座敌楼，由于地势海拔较低，往北望去一眼可看见北一楼的长城全貌，所以在此处拍摄可以以仰角拍摄北段长城的全貌。
2. 在北三楼和北四楼之间的马道有四五道弯，蜿蜒有形，线条多变，非常漂亮，这也是八达岭长城在媒体上出镜最多的一段。从北三楼拍摄可以拍到这段特色长城的全景。
3. 从城墙外面拍长城会有很不错的角度，但是需要事先和景区管路员沟通，并且注意安全。
4. 游览八达岭长城通常以关城为起点，向南侧或者北侧山坡攀登，主要景观有关城、敌楼、烽火台、好汉坡、"不到长城非好汉"碑刻等，长城脚下也有通往南坡的缆车。
5. 八达岭关城外有中国长城博物馆，这里能观赏到长城的历史发展风貌，有兴趣的游客可以去看看。

点赞

👍 **@jessica**：这里给人的感觉就是感慨，因为有太多的故事，长城见证了世间沧桑，见证了是是非非。

👍 **@旅游达人**：八达岭在几大长城旅游点中是以雄伟著称的，最有名的当属毛主席题词的"好汉坡"，一句"不到长城非好汉"引来世界多少人来当好汉。

❷ 居庸关长城

有"天下第一雄关"之称的居庸关是万里长城上历史最悠久、最著名的关隘之一。它位于北京西北48千米处的关沟峡谷之中，这里两山夹寺，山形陡峭，一水中流，山上长城蜿蜒盘绕，山下城楼巍峨雄伟；关城内庙宇、署馆、亭坊、仓房层叠错落，红墙、绿瓦、油饰彩画相映生辉。

攻略

1. 居庸关比邻八达岭长城，去往八达岭的旅游车都会路过居庸关。它的关城和蜿蜒陡峭的城墙都是长城摄影中必不可少的部分。
2. 关城南有叠翠山，站在长城上向南可欣赏到，岩石和绿木呈重叠状的"叠翠连峰"的秀美景色。
3. 在居庸关的云台券门两端的券面上和门洞上布满了精美的浮雕，可以停下来仔细欣赏一下。

北部郊区 |

❸ 慕田峪长城

慕田峪长城位于怀柔区渤海镇，西接居庸关长城，东连古北口，开放的长城段特点是长城两边均有垛口，著名的长城景观箭扣、牛角边、鹰飞倒仰等位于慕田峪长城西端，是万里长城的精华所在。长城脚下还有著名的中华梦石城值得一看，收藏有来自全国各地的奇石精品20000余方。

慕田峪长城多建在外侧陡峭的崖边，依山就势，以险制厄。长城墙体高七八米，墙顶宽四五米，建筑材料以花岗石为主，雄伟坚固。慕田峪长城敌楼密集，目前开放的2250米长城段中，有22座敌楼。其中从一台（大角楼）到四台（正关台）不到500米的距离，就有4座敌楼，这种密集的敌楼分布模式，是其他长城所不具备的。

> **小贴士**
> 节假日期间10:00—11:00和14:00—15:00是游客高峰时段，最好避开高峰期。另外，长城部分地段坡度很大，最好穿防滑的鞋，女士不要穿高跟鞋。

攻略

1. 慕田峪长城没有登城缆车、滑道等项目，是游玩的好地方，怀柔长城文化博物馆也值得一览。
2. 牛角边是慕田峪长城海拔最高的地方，爬上去可拍摄到长城的整体势态。
3. 每年10月中旬满山红叶覆盖，蔚为壮观，是拍摄红叶的好地方。相比八达岭，这里的游客较少，可以拍摄到长城苍凉的景象。
4. 长城的日出非常有气势，层层叠叠的山脉和气势雄伟的长城在日出日落时会显得更加宏伟壮观。可以住在长城下的宾馆内，第二天一早起来拍摄。
5. 这里有怀柔著名美食虹鳟鱼、金鳟鱼。其中，虹鳟鱼烧烤和鱼骨炖的清汤是绝佳的组合，不容错过。

Follow Me 北京深度游

❹ 金山岭长城

位于密云和河北滦平县交界处的金山岭长城是明长城的精华所在，素有"万里长城，金山独秀"的美誉，万里长城的美、险、俊、势在这里彰显得淋漓尽致。

金山岭长城全长 10.5 千米，建于燕山第一峰雾灵山与古北口卧虎岭间的大、小金山之上，此段长城共有 5 处关隘、67 座敌楼，而且样式各不相同。漫步于金山岭长城之上，可见到船篷顶、四角钻天顶、八角藻井顶、穹隆顶等内部结构建筑形式各异的敌楼，军事防御体系极强，设有障墙、战台、炮台、瞭望台等，层层设防，可谓固若金汤。

攻略

1.从金山岭至司马台是户外旅游者最喜欢攀登的一段长城，也是除箭扣长城以外影友拍摄长城、云海等题材的最佳去处。

2.在金山岭的最高处有座望京楼，登楼远眺，晨曦中能望见北京城的轮廓，夜幕中可看到北京的点点灯火。

3.金山岭长城早晚景色最为壮观，傍晚的西五眼楼拍摄长城日落最为合适。夏秋季，雨后的云雾和彩虹是金山岭的一大景观。

北部郊区 I

攻略

食宿 饕餮一族新发现

八达岭长城脚下有几家宾馆可供住宿，也可在长城附近的村内住宿；去往慕田峪沿途的怀沙河两侧有众多农家院可以选择；买票进入金山岭长城后就可安排食宿的宾馆和农家院。

八达岭景区内的八达岭餐厅、巨龙饭庄等可供应盒饭和快餐；关城附近有10多家小饭馆和小吃部；位于八达岭景区西门外公路南侧的外宾餐厅也可提供食宿，餐厅还附设旅游商品专柜；外宾餐厅西侧的八达岭饭店是一座小型涉外饭店，适合旅游结婚和长城考察者、中外旅游者用餐。

景区交通 游遍景区不犯愁

1. 缆车和滑道：八达岭和慕田峪长城均设有长城缆车和滑道。缆车和滑道的定价均为成人双程120元/人，单程100元/人，儿童半价。

2. 自行车：可从市区内骑车游览长城，骑行游览长城路线为：健翔桥—昌平—居庸关—八达岭—南口—阳坊—颐和园，山路主要集中在南口到八达岭，在居庸关附近出现陡坡。沿途景致有坦克博物馆、居庸关、八达岭长城、水关长城。

行程推荐 智慧旅行赛导游

金山岭长城经典两日游

DAY1：中午出发，然后买票进入景区（记得要跟售票员说要第二天再进入景区的，她会给一个两天都可用的门票）。从砖垛口上长城（从正门走路只需要15分钟，不用坐索道），向地图左边（西线）到六眼楼，也就一个小时。再往前就到军事禁区不能前进了。然后回西五眼楼附近看日落。

DAY2：8点多从砖垛口上长城，向地图右边（东线）游览，可以经过将军楼、沙岭口、大小金山楼、后川口等，都有路可以返回正门。东五眼楼有路可以下行到东门，再从东门步行2公里到服务区坐车。从东五眼楼再向前还可以走四个楼，然后就到了司马台景区。

慕田峪长城民俗两日游

DAY1：上午从市区出发，经过京承高速收费站，首先前往慕田峪长城周边的民宿，中午体验一下农家小院里的美味，到了傍晚可以和其他客人一起烧烤，还有精彩的篝火晚会可以一起玩耍。

DAY2：吃过早饭之后去爬长城，有心情的话可以看一次长城日出，爬累了可以坐缆车直接抵达14号敌楼，之后在上一个敌楼，到了15号敌楼之后，这里是电影《非诚勿扰2》的取景地。这里景色美丽、人比较少，体验感很好。游览完毕，可以去商业街餐厅里简单地吃一点，之后返回市区。

龙庆峡
北京的"小漓江"

微印象

@桃儿小曼：作为北京郊区的一处深山峡谷，龙庆峡的景色确实美极了。坐着游船赏美景，很有江南山水的感觉，被称为北京的"小漓江"一点不为过。

@09139530：龙庆峡确实是个很美的地方，距离闹市区不远，但景致极为不同，站在山水间会使你觉得自己非常渺小。

门票和开放时间
门票：40元，船票100元。百花洞10元，滑道20元，神化院50元（含索道往返）。
开放时间：4月15日至11月15日8:00—16:30。

最佳旅游时间
夏季和冬季是游览龙庆峡的最佳时间，夏季时可以乘游船欣赏山水美景，冬季可以欣赏五彩缤纷的冰灯。

进入景区交通
位置：延庆区古城村西北古城河口。

1.公交车：在德胜门汽车站乘公交919路在延庆城区下车，在妫水北街南乘坐Y43路公交车，龙庆峡站下车。或在北京北站乘坐S2城铁到延庆南站后，换乘公交875路直达龙庆峡景区。

2.旅游专线：周末在前门、安定门地铁西口站乘坐游8路专线车可直达龙庆峡。

3.自驾车：走京藏高速，行驶至延庆方向，经延庆城区看龙庆峡路标提示可到达景区。

景点星级
人文★★★　　特色★★★★　　休闲★★★★　　美丽★★★★　　浪漫★★★★　　刺激★★★★★

北部郊区 I

龙庆峡古称"古城九曲",其水源于海坨山东麓,经玉都山汇入古城水库。这里集南方山水的妩媚秀丽和北方山水的雄浑壮观于一体,峡谷曲折蜿蜒,河水幽长碧绿,两岸山崖险峻,森林茂密,裸露的石灰岩形成奇特造型,特别是长年被水侵蚀所形成的溶洞和洞中的石笋、石柱、石断层,与漓江山石极相似,因此被誉为北京的"小漓江"。

❶ 百花洞—神仙院

百花洞长 300 米,展区面积 3000 平方米,人造花草树木 1650 种,以鸟兽动物点缀其中。百花洞分为繁花似锦、热带雨林、北国风光、江南小景等景观。

神仙院坐北朝南,分上下两院,上院为正殿,供奉的是佛道儒三家宗师,正中坐者为佛教创始人释迦牟尼,左边是儒家创始人孔子,右边是道教始祖老子李耳,院内还有棋盘石、神盆、魔王树等景点。

解说

神仙院庙左侧有一石盆,椭圆形,长4米,宽3.4米,深1米,盆内终年盈水;悬崖半腰有几块方柱形巨石,石柱上部平坦如砥,形如棋盘,似有隐隐格子,几粒石子,似是棋子。

Follow Me 北京深度游

❷ 凤冠岛—钟山

凤冠岛三面环水,一面依山,以半岛的形式呈现,正因为它背靠群峰,构图极为洒脱,所以被称为"龙庆峡的标志"。

钟山山体高劲雄伟,从各个角度看都像扣在水里的一口大钟,故得名"钟山"。

❸ 金刚寺—神笔峰

金刚寺前有两座山,形如金刚,故得此名。此寺原是元代真大道太玄道宫,元亡后毁,僧侣又在此建金刚寺,新中国成立之初被毁。1987年重建。曾有诗词赞金刚寺:"两山相峙气轩昂,有寺无僧佛满堂。月照殿前风扫院,山门不锁有金刚"。

神笔峰因形似一支倒插入沟底的大笔,故得名"神笔峰"。把神笔峰与它后面的山峰结合起来看又像一只开屏的巨大孔雀,这一景观又称"孔雀开屏喜迎宾"。

北部郊区 I

❹ 造钱炉

造钱炉是清咸丰年间强盗们制造假钱的炉子，炉洞深20米、高5米，里边还遗留有当年制造假钱的生铁和工具。如在洞内点火，洞内会有真实而奇特的现象出现，烟可以从顶上形似烟囱的那块石头上冒出来，这就是造钱炉的神秘之处。

点赞

👍 **@薇薇呀**：非常喜欢龙庆峡，湖水青绿，在北京能欣赏到这样的风景，真的很震撼！

👍 **@土豆宝儿**：夏季到这里乘船，小船在山水之间划过，清澈的湖水拍打着山体石头，仿佛把人带到一幅江南画卷中。龙庆峡冬季的冰灯节也算得上北京一绝。

链接 龙庆峡冰灯节

"龙庆峡冰灯节"从每年的1月中旬开幕到2月底结束，展示面积约16万平方米。届时，山谷中灯火璀璨，冰雕雪雕流光溢彩，花灯彩灯交相辉映，冰天雪地里龙庆峡成了梦幻的世界、欢乐的海洋。龙庆峡冰灯区建在山谷中，那里风大，温度要比市内低5摄氏度至8摄氏度，前往参观游玩的朋友们要注意保暖。

137

Follow Me 北京深度游

攻略

景区交通 游遍景区不犯愁

1. **腾龙电梯**：景区内有创造了吉尼斯世界纪录的亚洲第一腾龙电梯，电梯形如一条巨龙须爪飞扬、头下尾上地悬挂在峭壁之上，外观全部采用玻璃钢制成，乘坐电梯欣赏水库和大坝垂瀑后，即可乘船游览龙庆峡山水相映的秀丽风貌。

2. **索道**：在景区入口处有索道，索道为单线循环式，终点为神仙院。

3. **游船**：在金刚寺码头处可以乘坐游船，开放时间为8:00—17:00，还可以在乘船处租借水枪。

食宿 饕餮一族新发现

景区内有玉都山庄宾馆、龙庆峡大酒店等可供住宿，标间的价位在200元左右。景区周边有一些农家乐可供选择，但不是很多。龙庆峡距离北京市区大约90千米，也可当天返回市区住宿。

龙庆峡的特色美食有烤全羊、烤兔子、烤虹鳟鱼、烤羊腿、龙庆峡农家香土火盆锅等，这些美食在景区周边的农家院就可吃到。

娱乐 城市魅力深体验

1. **飞降**：该项目在风景怡人的龙庆峡内两山的悬崖之间，上有蓝天，下有碧水，两山自然落差30米，下滑时可使娱乐者感受到在空中飞跃的感觉。

2. **蹦极跳**：该项目建在金刚寺悬崖上，高48米，瞬间使人经历各种奇特的感觉，惊恐、疯狂、高喊、尖叫、欢呼和放松，是一种勇敢者的运动。

3. **滑道**：上自百花洞出口，下至湖心翠岛，全长约450米，相对落差38米。跨度60米的双曲大桥犹如两条彩虹横跨南北，而斜拉桥又似东方巨人在守卫景区的安全，蜿蜒起伏的钢结构桥架，似苍龙，如彩带，在山间游弋。

明十三陵

明朝皇帝的墓葬群

微印象

@dingdingdingding：明十三陵风景很秀丽，依山傍水，非常安静，陵墓地下宫殿很深，估计有五六层楼那么深，给人一种神秘感，值得一看！

@ai芳：个人认为明十三陵很值得一看，虽然经历了那么多年，但里面的建筑保护得很好，很有研究价值，值得赞叹。

@zhouqian0825：这些明代帝王的陵墓建筑都很气派宏伟，建筑里面最喜欢的就是总神道，虽然只有短短的2千米左右，但是整体看来很有感觉。

门票和开放时间

门票：长陵旺季45元，淡季30元；定陵旺季60元，淡季40元；昭陵旺季30元，淡季20元；总神道旺季30元，淡季20元；银山塔林旺季20元，淡季15元。（淡季为当年11月至次年3月，旺季为4—10月）

开放时间：旺季8:00—17:30，淡季8:30—17:00。

进入景区交通

位置：北京市昌平区燕山山麓的天寿山上。

1.地铁：乘坐地铁昌平线在十三陵站下车B口出，步行即到总神道石牌坊，然后乘坐昌67路前往定陵、昭陵。

2.自驾车：走京藏高速公路—昌赤路可到达十三陵景区。

景点星级

人文★★★★★　特色★★★★★　休闲★★★　美丽★★★★　浪漫★★★　刺激★★

Follow Me 北京深度游

明十三陵是明朝十三位皇帝陵墓的总称，陵区面积达40多平方千米，自明永乐七年（1409年）五月始建长陵，到明朝最后一帝崇祯葬入思陵止，其间230多年，先后修建了十三座皇帝陵墓，故称十三陵。除皇帝陵外，陵寝区域内还有明朝皇妃墓七座、太监墓一座，以及行宫、神宫监、祠祭署等若干附属建筑。景区已开放景点有长陵、定陵、昭陵、总神道等。

解说

明代崇尚"事死如事生"的礼制，认为人死后灵魂犹在，还有饮食起居的需求。因此，这十三座皇帝的陵寝建筑比拟皇宫，显示了帝王的尊崇地位和君临天下的浩大气势。

攻略

1.景区内有多家购物点，分别有定陵广场南侧的定陵精品购物中心、长陵广场东侧的长陵旅游服务中心、神路中部的神路工艺品商店和居庸关工艺品商店，可以购买一些纪念品回去。

2.在十三陵的每个开放景区的游客服务中心都有婴儿车、轮椅、雨伞、拐杖等租用。

3.每个景点的导游处都有自动导游机出租，此外，还有中文和外语导游讲解服务，在售票处也提供导游讲解服务的详细说明，也可以到游客服务中心具体咨询。

① 总神道

总神道是明十三陵的第一个景点，由石牌坊、大红门、碑楼、石像生、龙凤门等组成。神道的最南端是石牌坊，它是我国现存最大、最早的石枋建筑。石像生位于从碑亭北的两根六角形的石柱起，至龙凤门止的千米神道两旁，24只石兽和12个石人整齐地排列着，造型生动，雕刻精细，为我国古代陵园中罕见的精美石雕，也是神道最大的看点。

攻略

在总神道景区南端不远有一座石牌坊，为汉白玉砌成，宽28.86米，高14米，夹柱石上雕刻麒麟、狮子、龙和怪兽，门上端额枋上雕刻的云纹，柔美飘逸。这座牌坊是中国现存最大、最早的石坊建筑，很值得一看。

北部郊区 I

解说

明十三陵的特点在于它第一次体现了中国皇家陵寝建筑群的整体性，每一位皇帝的陵墓虽有各自的亨殿、明楼、宝城，但陵区之内，长陵神道成为一条贯穿各陵长达7千米的"总神道"，共用的石牌坊、石刻群，加上各陵尊卑有序的布葬方式，使陵区的建筑紧密相连，形成了一个整体。

❷ 长陵

长陵位于天寿山主峰南麓，建成于明永乐十一年（1413年），是明代第三位皇帝成祖文皇帝朱棣和皇后徐氏（十三陵中第一个入葬的人）的合葬陵寝，为十三陵中最早和最大的一座。整个陵园用围墙环绕，分为三个院落，包括陵门、神库、棂星门、宝城、明楼等，宝城内封土下面就是地宫的位置。沿宝城南面中央的门可登上明楼，楼檐下榜额书"长陵"二字。

Follow Me 北京深度游

> **解说**
> 1. 除陵园本身外，还有东西二坟，东坟在德陵馒头山南，西坟在定陵西北，坟内分别埋葬16个为朱棣殉葬的宫妃，也有人认为是明成祖昭献贵妃王氏和昭顺贤妃喻氏的陪葬墓，因其坟形如深井，故名东井、西井。
> 2. 长陵墓前有棱恩殿，殿内有12根金丝楠木明柱，是我国现存最大的楠木殿。

③ 定陵

定陵在长陵西南大峪山下，是明代第十三帝神宗朱翊钧和他两个皇后（孝端、孝靖）的陵寝。陵宫的总体布局呈前方后圆之形，主要建筑有陵门、祾恩门、祾恩殿、明楼宝城、宝顶和地下宫殿，地宫位于明楼的正后部，是陵墓的主要部分。

后殿为地宫中最大的殿，长30.1米，宽9.1米，高9.5米，地面用磨光花斑石铺砌，棺床中央放置朱翊钧和孝端、孝靖两后的棺椁，三具棺椁周围放有玉料、梅瓶及装满随葬器物的红漆木箱。定陵地宫现已开放，可供游人参观。

> **小贴士**
> 1. 十三陵流传着各种风水的传说，据说，从陵墓出来经过鬼门关时要弹一弹肩膀并大喊一声"我回来了"才能不让魂魄留在陵墓里。
> 2. 游十三陵可以和八达岭长城安排在同一天，在天安门广场东南角（前门地铁C口）的北京旅游集散中心乘坐旅游专线车一天时间就可以了，具体乘车时间需要查询公告。

④ 昭陵

昭陵位于大峪山东麓，是明代第十二位皇帝穆宗朱载垕（年号隆庆）及其三位皇后的合葬陵寝，是目前十三陵中第一座大规模复原修葺的陵园。陵园建筑面积为35000平方米，现存有完整的祾恩门、祾恩殿及其东西配殿，和方城、明楼、宝顶等。陵内祾恩门前的碑亭内立有一座无字碑，石龟负碑，碑上空白无字，可能是因皇帝功过难评之故。

北部郊区 I

很多人到了无字碑处都喜欢摸一摸石龟，有民谚道："摸摸乌龟头，一生不发愁；摸摸乌龟腚，永远不生病。"虽是民谚，但可以试一试。

链接　穆宗朱载坖

明穆宗，年号隆庆（1537—1572年），仅登基6个月便不愿过问政务，在位6年从未公开发表过自己的政治主张。穆宗虽不关心政务，但对大臣们的建议与做法也不反对，例如历史上著名的"隆庆议和"，就是在大臣们的支持下促成的。隆庆议和发生于明隆庆五年（1571年），从此中原与蒙古各部二十多年没有发生大的战争。

❺ 银山塔林

银山塔林，又称铁壁银山，位于八达岭—十三陵风景名胜区的东部。银山得名于冬季"冰雪层积，色白如银"，又因"麓有石崖，皆成黑色"称为铁壁，所以合称"铁壁银山"。银山由黑色花岗岩构成，石崖皆呈黑色，峰峦高峻，冬日积雪深厚，银装素裹，黑白相间，反差强烈。

铁壁银山不但风景宜人，还以古塔众多而著称。银山的辽代塔群是我国现存辽塔最多的著名风景区，羊肠小道尽处是大片塔群，塔身高低错落，但布局规整，结构一致，均为八角形平面，造型精美，历经沧桑，年代久远。塔群自金元以来，经明、清至今，已有600多年历史，是研究我国古代佛教和砖石建筑的宝贵遗产。塔群在600年的历史中经年累造，整座银山遍布灵塔，民间有"银山宝塔数不尽"之说，可见昔时浮屠之胜。

攻略

食宿　饕餮一族新发现

十三陵每个景区内都有餐厅，方便游人吃饭，一般位于各个景区售票处附近，位置很显眼，景区内也有出售简单食物的地方，但味道一般，建议自备食物。

十三陵泰陵村内和居庸关长城景区内有几家酒店可供住宿，也可当天返回市区住宿。

喇叭沟原始森林公园
名副其实的天然氧吧

微印象

@爱吃肉的路飞："十一"期间正是去喇叭沟原始森林公园最好的时候，凤凰台是主打白桦的景区，也有橡树、枫树、山杨等植于其间，远看有红绿黄蓝灰五色，层次非常丰富。

@花心油：喇叭沟原始森林公园真不愧是"北京天然大氧吧"，里面草木葱茏，蓝天白云，山上红黄绿相间形成一个个大大的色块，令人心旷神怡。

门票和开放时间
门票：40元（两日内有效）。
开放时间：7:30—17:00，每年冬季封山，停止对外开放。

最佳旅游时间
4月中旬以前，在喇叭沟原始森林可看残雪和冰瀑（一般到6月才会融化）；5月前后，可欣赏漫山遍野的鲜花，还可亲手采摘野菜，吃上一顿野菜宴；9月底至10月初，是赏叶的最佳季节，能拍到五彩斑斓的彩林，但是受天气影响很大，请密切注意。

进入景区交通
位置：北京市怀柔区喇叭沟门满族乡。

1.公交：在东直门乘坐936路公交、市郊铁路S6在怀柔汽车站下车，换乘H9、10、14等公交在家园下车，再换乘H43路公交在喇叭沟门站下，步行即可到达。

2.自驾车：京承高速到怀柔城区后，向北沿京加路（111国道）达喇叭沟门乡政府后，左转可到达喇叭沟原始森林公园。

景点星级
人文★★　特色★★★　休闲★★★★　美丽★★★★★　浪漫★★★★　刺激★★★

北部郊区 I

喇叭沟原始森林公园是北京唯一一处原始森林自然生态景区，有原始次生林约46平方千米，景区内海拔1700多米高的南猴岭是怀柔区的最高峰。

喇叭沟主要是由冰川观赏区、南猴岭观赏区、佛顶山观赏区（未开发）、百丈崖观赏区景区组成，景区内有充满了神秘色彩的原生原始森林，有北京地区罕见的云海，有千亩白桦林，有壁立千仞的百丈崖，还有刺激但不惊险的十八盘道，而令人印象最深、最难以忘怀的就是那里的云海、冰川和随处可见却又神态各异的松树。

小贴士

1. 喇叭沟海拔较高，昼夜温差非常大，即使是夏天去也要带上长袖御寒；如果是9月底10月初去，最好带上厚的羽绒服。
2. 自驾前往喇叭沟沿途多是盘山公路，需要小心驾驶。

喇叭沟示意图

Follow Me 北京深度游

❶ 百丈崖观赏区

　　百丈崖观赏区面积约为 10 平方千米，以北京市仅存的大面积的原始橡树林为主要特色景观。从景区牌楼入口上行 3 千米旅游公路的尽头，有一块地势平缓的山间谷地，四周悬崖耸峙、树木葱茏，环境清爽幽静。由这里向上有 6 千米的环形旅游观光步道通往山上各处景观，步道攀越峡谷峭壁，穿行于原始橡树林中间。观赏区主要景观有原始橡树林、百丈崖绝壁、莲花顶、龙泉、五龙潭、五松崖、清凉峡、北天柱峰、野猪窝等。

解说

　　区域内的原始橡树林面积达 5 平方千米，橡树平均树龄达百年以上，是北京地区仅存的一片原生性橡树林。橡树粗壮苍古，枝繁叶茂遮天蔽日，环境高旷幽深，林中混生有油松、黄檗、旱柳等乔木。舒适安全的原始森林环境，充足的野果、野菜等食物来源，使这里成为野猪、青羊、野牛等大型野生兽类繁衍生息的家园，林内到处可见到野猪群活动的痕迹。

❷ 南猴岭观赏区

　　南猴岭观赏区总面积约为 15 平方千米，这里以 5 平方千米的原始白桦林为主要特色景观，夏季满山碧绿，秋天五彩缤纷，并有 5 千米长的柏油公路可直通白桦林区。南猴岭观赏区的森林景观有白桦林、枫树林、高山杜鹃及山杨、橡、枫、桦混交林等。峰岩洞穴景观有凤凰台、凤凰泉、黑石隆、天冰口、南猴顶峰。

　　白桦林主要分布在海拔 1000—1600 米的山阴坡。漫步于白桦林中，树下绿茵如波，银白色的树干疏朗深远，偶然青暝薄雾飘过或细碎的阳光透射进来，恍若置身仙国图画中，令人心旷神怡。

　　枫树林除几处独立成片的单种林外，还与山杨、橡树、白桦等林木混生，在每年的 9 月下旬，这里的枫叶已开始褪绿变红，10 月初就已经红透了。那成片的枫叶，在秋阳中红得纯粹，红得热烈。

北部郊区 |

南猴山顶位于黑石窿的上方，山顶海拔1705米，是原始森林公园的最高点，此处山高路险，又常有一些大型野生动物出没，因此不对游客开放。

攻略

1. 凤凰台是拍摄白桦林的最佳地点，在这里可以拍到"漫山红遍，层林尽染"的壮观景象。
2. 凤凰台的南猴顶是怀柔制高点，幸运的话，在那里可以看到云海奇观。
3. 由于喇叭沟海拔高，无霜期短，所以叶子红得比较早，最佳拍摄期是9月下旬和10月上旬，10月中旬以后基本就封山了，观赏红叶的话要安排好时间。
4. 每年秋天，这里还会举办满族文化节，是体验民俗的好机会。

❸ 冰川观赏区

冰川观赏区面积约为15平方千米，以大面积的高山杜鹃和紫桦、白桦为主要特色景观。高山杜鹃面积为3平方千米，紫桦、白桦林面积为5平方千米。主要景观有冰川、放马沟、白石窿、双景台、杜鹃山、落叶松林等。

冰川现象是由当地的独特小环境造成的，这里的冰川被两侧的山崖夹在中间，再加上山上的树木长得茂盛，使冬季形成的冰长时间见不到太阳，所以即使夏日的热浪来袭，长年累积的厚厚冰层也很难融化，就形成了夏日冰川，有时还会出现八九月份都没化完，10月份又重新结冰的奇景。

❹ 满族民俗博物馆

博物馆依山而建，采用了清代王爷府的建筑风格，傲然中尽显威严庄重的王府风范。整个博物馆分为两大部分，第一部分是清代文化陈列馆，有七个展室，收藏了自汉代以来的各种珍品950多件，其中满族民间实物500多件，另有235件为爱新觉罗·毓岚先生捐赠；第二部分是喇叭沟门乡书画艺苑，这里展示了几十位著名书画家作品120余幅。

Follow Me 北京深度游

攻略

景区交通 — 游遍景区不犯愁

1. 从孙栅子村农家乐集中区到景区还有4千米的路程，可以徒步过去，约需半小时；也可以选择包车，往返价格是60—70元/车。
2. 景区内摆渡车单程20元，往返30元（终点是白桦林带，而不是南猴顶）。

住宿 — 驴友力荐的住宿地

景区周边有不少是集住宿、餐饮、旅游为一体的综合性农家院，住宿有别具一格的热火炕，房间内干净整洁，24小时供应热水。

美食 — 饕餮一族新发现

喇叭沟是比较成熟的旅游观光点，所以从开始有道路指引牌起就有饭馆出现，一直到村里的农家院，因此完全不用担心吃饭问题。农家院的饭菜以野菜为主，可以选择住宿包三餐，也可以选择单点。单点平均一个菜在20—50元，住宿加包三餐是100元/天（当地管理部门规定价格）。

行程推荐 — 智慧旅行赛导游

喇叭沟距离市区较远，游玩需要两天左右，推荐路线：

DAY1：早上从东直门坐车，或者开车，中午到孙栅子村农家乐，午饭后去南猴岭观赏区。

DAY2：游览冰川观赏区或百丈崖观赏区。

雁栖湖
水上乐园度假胜地

微印象

@自由飞翔123678：雁栖湖非常值得去，灯光秀惊艳了湖光山色，环岛游赞赏了"一带一路"！日出东方辉映月色，会议中心宛若雁栖，会展中心气势如虹。

@雅米：春天的雁栖湖特别美，山花烂漫，湖水清澈。可以爬爬小山坡，也可以坐会儿游船。湖不大，所以不会太吃力，适合亲子游。最后，买张渡船的票，到日出东方酒店，看一看建筑，很美。

@c-z：雁栖湖美丽漂亮，景色一流，可以坐上游船环湖一圈，近距离领略碧波荡漾的湖水和APEC会址，白天这里还有游乐场，晚上这里的灯光那可真是美啊！五光十色，整座山上都是会变换颜色的灯光，在湖边吹着凉风，看着美景，真会让人流连忘返。

门票和开放时间
门票：45元，其他游乐项目需要另收费。
开放时间：全年开放。

进入景区交通
位置：怀柔区怀北镇雁水路3号。
旅游专线：东直门外公交场站每周六日和节假日有前往雁栖湖的旅游专线，发车时间为8:15，单程车票30元/人。北京保利大厦东侧路每周五六日和节假日有发往雁栖湖的旅游专线，8:00发车。

景点星级
人文★★　特色★★★　休闲★★★　美丽★★★★　浪漫★★★　刺激★★

Follow Me 北京深度游

雁栖湖是一处风光旖旎的水上乐园、度假胜地。雁栖湖水面宽阔,湖水清澈,每年春秋两季常有成群的大雁来湖中栖息,故而得名。雁栖湖三面环山,湖内水质清纯,鱼类较多,珍禽候鸟常在湖岸栖息繁衍。雁栖湖游乐园环境优美,景色宜人,是北京郊区著名的体育健身、休闲度假的胜地。2014年,APEC会议的召开令这片秀美的湖泊更加吸引世人瞩目。如今,雁栖湖已成为旅游观光、娱乐休闲的理想场所。

解说

雁栖湖三面环山,北有军都山,海拔1200米;西有红螺山,海拔811米;东有金灯山,海拔186米,山上有枫树、松柏、火炬树及乔灌木,面积达1.5平方千米。湖内水质清纯,有鱼、虾、龟等水生动物几十种,并多次发现金边地龟和娃娃鱼等珍稀动物,对水质要求很高的大雁、仙鹤、白天鹅、淡水鸥等珍禽候鸟常在湖岸栖息繁衍。

攻略

雁栖湖景区游乐园内各种娱乐设施齐全,现有水上、陆地项目40余个,可供不同年龄的游客选择。其中,水上飞伞、水上跑车、水上自架摩托、水上飞降、水幕电影、火箭式蹦极、空中飞人、激流勇进、攀岩、射箭、戏水池等健身娱乐项目深受广大游客喜爱。游客可乘船游湖,纵横千米湖面,劈波斩浪,尽情领略搏击风浪的情趣。游客还可登临望湖亭,领略湖光山色,尽情回归大自然的惬意,傍晚去还可以砍砍价,或者多玩一次。

❶ 核心岛

作为APEC的会议区,雁栖湖核心岛是游客的首要目的地。核心岛即雁栖湖国际会都,包括国际会议中心、特色园林、雁栖酒店、12栋精品别墅和雁栖塔。每一座建筑,每一处景观都经过精心设计,绝对是一幅"湖光秋月两相和,潭面无风镜未磨"的美景画卷。

北部郊区 |

❷ 雁栖湖湖区

　　湖区包括望湖亭、银杏林、各种水陆娱乐项目等，吃农家饭、住农家院也别有情趣。雁栖湖水面宽阔，湖水清澈，每年春秋两季常有成群的大雁来湖中栖息，是最好的游玩季节。另外，仙鹤、白天鹅、淡水鸥等珍禽候鸟也常在湖岸栖息繁衍。

攻略

　　1.雁栖湖一年四季有多样的旅游活动，每年举办"雁栖之春"游园会和中秋国庆游园会。游园会上还有各种形式的民间花会、舞狮表演。同时，每年7—8月份，暑期配合观赏水幕电影举办为期两个月的晚间夏日文化广场系列活动。

　　2.水上飞伞是一项勇敢者参与的水上娱乐项目。跳伞平台设在湖中，游人在跳伞前，站在平台上穿好救生衣和伞衣，伞衣和快艇相连，在快艇的高速牵引下，伞张开把人带至空中，最高可达50米。随着快艇的方向和速度，伞在空中迂回曲折，展翅翱翔，湖区景色尽收眼底。

❸ 顶秀美泉小镇

　　顶秀美泉小镇紧邻APEC会址，是一处原汁原味的欧式风情的主题小镇。小镇内拥有欧式风情商业街、12国主题酒吧街、国外进口商品特产专营店和茜茜公主主题酒店等。最不容错过的就是"12国主题酒吧街"，聚集了意式餐厅、英式茶餐厅、德式啤酒屋、美式快餐、西班牙餐厅、东南亚餐厅、戏剧酒吧、书吧等，其装修风格也魅力十足。茜茜公主主题酒店即顶秀美泉假日酒店，以19世纪奥匈帝国茜茜公主的传奇故事为文化主题，采用"彼得麦耶尔"装修风格，再现欧洲中世纪的古典、雅致和浪漫。

Follow Me 北京深度游 攻略

游览路线 — 智慧旅行赛导游

南门游览路线：从南门向右走雁栖湖路可以上雁栖湖大坝，这里和景区内的风光截然不同。在南门有自行车租赁点，你可以与家人租一辆三人脚踏车，沿路共有五个租赁站点可以实现时时租处处还，十分便捷。

西门游览路线：景区游览后，可以从西门录入指纹后从水上浮桥进入北山栈道，途经P8停车场及雁栖湖景区北码头，沿北码头前行从雁栖湖北路、雁栖湖西路、雁栖湖路回到景区，环湖13.9千米，用时2—3小时。

景区交通 — 游遍景区不犯愁

电瓶车：10元/（人·次）。
自行车：20元/时、30元/时、50元/时，押金500元。
摆渡船：全程票80元/人、半程票50元/人。

住宿 — 驴友力荐的住宿地

景区内有很多高端酒店，价格相对较高，但是可以欣赏雁栖湖晚上的灯光及美景，体验感非常好。如果要考虑性价比的话，可以去周边或者怀柔区内居住，可选择的住宿场所较多，价格相对较低。

美食 — 饕餮一族新发现

雁栖湖周围有多家高中低档宾馆饭店，湖区周围建有十几处虹鳟鱼垂钓烘烤园。虹鳟鱼的吃法多种多样，每个人都可按自己的口味进行调试，如红烧、侉炖、清蒸，尤以烧烤、吃生鱼片为最多，用鱼骨做汤别有一番风味。此外，景区内也有很多美味的餐厅，如雁栖湖两岸咖啡（雁栖湖景区游乐园内）、巴哥娜巴西烤肉（雁栖湖怀北工业区368号）等，游客可以根据口味自行选择。

古北水镇
北方的"江南小水乡"

微印象

@138**8560**：古北水镇处处都是景色，感觉结合了乌镇和平遥古城的建筑风格，水道两边是小桥流水人家，远处是高耸的晋风院落，街里的商业街有特色小吃、书店、邮局、咖啡厅，广场有戏台，走走停停一天很快就会过去。

@简简单单：炎炎夏日，带着家人到水镇避暑，的确是不错的选择。吃着小吃逛着老街听着老北京的吆喝看着杂技表演，心情无比舒畅。近可观水榭楼台，远可眺司马台长城、染坊、镖局、八旗会馆等。

门票和开放时间
门票：140元。观光车10元，游船全程120元，司马台长城40元。
开放时间：9:00—21:00。

进入景区交通
位置：密云区古北口镇司马台村。
1.公交：在东直门乘坐公交980路在密云西大桥下车，再换乘坐M51路公交车在古北水镇下车。
2.自驾车：沿京承高速公路行驶，在涝洼桥从司马台长城出口离开稍向右转上匝道，沿匝道行驶500米，右转行驶70米，左转进入马北路，沿马北路行驶1.9千米，右后方转弯，行驶20米，到达古北水镇。

景点星级
人文★★★　特色★★★　休闲★★★★　美丽★★★★　浪漫★★★★　刺激★★

Follow Me 北京深度游

古北水镇背靠司马台长城，是一座集山水城于一体的古村落。景区总占地面积约9平方千米，里面拥有43万平方米的明清及民国风格的山地合院建筑。古北口自古以雄险著称，有着优越的军事地理位置，以其独特的军事文化吸引了无数文人雅士，苏澈、刘敞、纳兰性德等文词大家在此留下了许多名文佳句，更有康熙、乾隆皇帝多次赞颂。

而今，古北水镇依托司马台遗留的历史文化，进行深度发掘，将9平方千米的度假区整体规划为"六区三谷"，分别为老营区、民国街区、水街风情区、卧龙堡民俗文化区、汤河古寨区、民宿餐饮区与后川禅谷、伊甸谷、云峰翠谷。古北水镇是集观光游览、休闲度假、商务会展、创意文化等旅游业态为一体，服务与设施一流，参与性和体验性极高的综合性特色旅游度假区。

攻略

古北口镇在春季会举办花卉盛宴、风铃小屋等活动，在夏季会举办夜市，在秋季会举办红叶祭活动，冬季则举办冰雪主题的活动。还可以参与跑旱船、登高跷、骑马、坐轿、篝火等传统文化娱乐活动，尽享乡情乡趣。

❶ 司马台长城

司马台长城全长约5.7千米，整段长城构思精巧，结构新颖，造型各异，堪称万里长城的精华。著名长城专家罗哲文教授这样称赞司马台长城："中国长城为世界之最，司马台长城堪称中国长城之最。"

司马台段长城以险、密、奇、巧、全著称。"险"是指它建在刀削斧劈的山脊之上，惊险无比；"密"是指敌楼间的距离，两敌楼相距最近几十米，最远不过300米，平均间距仅140米；"奇"是指司马台长城山势险陡、雄奇壮丽，且山下有鸳鸯湖（冷泉与温泉交汇而成），碧波荡漾，构成湖光山色的绮丽美景；"巧"体现在步步为营的障墙上，进可攻退可守；"全"是指城楼和敌楼的建筑风格形式奇特多样。

北部郊区 I

攻略

1. 司马台长城与北京地区其他长城景点相比较，特别的险峻陡峭，而且为了维持原貌，没有太多的护栏等设施，攀登时要多注意安全。若遇到困难，可拨打电话010-69031051向景区求助。

2. 在景区附近有时会碰到一些当地的"野导"，说是能带路免票，或者带你去更加有原始风貌的"野长城"。为了安全起见，请一概拒绝。

亲子研学

奇妙的长城

司马台长城始建于明洪武初年，又经蓟镇总兵戚继光和总督谭伦加固。整段长城的构思精巧、设计奇特、构思新颖、形态各异，它集万里长城众多特色于一地，形成了一段"奇妙的长城"。这里的长城墙体，既有常见的"城墙类型"，也有适应悬崖峭壁的山势而建的"半边墙类型"；既有随缓坡而舒展的马道，也有陡坡上以大阶梯叠进的"天梯"。空心敌台形式多样，更是令建筑史家叹为观止。仅敌台上的望亭，就有一间房、三间房、三间房加前后廊、三间房加周围廊等几种，屋顶有歇山、悬山、硬山、卷棚和重檐悬山式多种。在很短的距离里，城墙和敌楼形式之多，变化之大，在万里长城中极为罕见。

❷ 望京楼水舞秀

望京楼屹立于海拔千米的陡峭峰顶，风光秀丽。望京楼水舞秀位于古北水镇望京街中段望京楼前。由国内顶级的水舞秀公司北京中科水景科技有限公司联合曾参与奥运舞蹈编创的主创团队倾情打造，利用最新开发的"虚拟现实"水舞控制系统，将水舞动作与音乐节奏控制完全吻合。在星光璀璨的夜空下，应和着悠扬的乐曲，背靠着险峻的长城，感受水的柔、水的美、水的魔法，是夜游古北水镇不可或缺的重要一景。

Follow Me 北京深度游

❸ 圆通塔

　　圆通塔位于古北水镇"主一路"旁山顶处,圆通塔寺由观音院和圆通塔两大建筑群组成,其中观音院又分为山门、天王殿、大士殿和毗卢遮那佛殿等殿堂群构成,圆通塔平面八角形,塔高七层,地宫两层。这里有斋房、斋饭、抄佛经、品佛茶等活动,可为前来禅修的游客提供场景式体验。

❹ 英华书院

　　英华书院紧邻于景区中心区域令公街,分为东院和西院,东院为二进院,内设水榭回廊;可感受荷花满池、清香环绕的优雅环境;西院为三进院,后面的是文昌阁,里面供奉的是文昌帝君,相传文昌帝君是掌管功名禄位之神。

❺ 永顺染坊

　　永顺染坊创建于1900年,创始人为张聚魁,他年少在家乡学得一手染匠绝活,能自制土靛染料,后自己开店,为当地百姓加工染色。进门首先看到的是永顺染坊的晒布场,这里是印染布料晒晾之处,也是染坊最后一道工序。在里屋可以了解到中国印染业的基本知识和工序。

❻ 震远镖局

　　14世纪到15世纪,随着长城的不断修复与完善,古北口成为北京通往北方和东北的重要物流通道,镖局应运而生。

　　震远镖局以首席镖师张震远的名字命名,坐落在古北水镇,前后有六套院落,规模很大,里面有镖局文化展,以及镖师们生活、习武的场所。镖局重现古北镖师张震远当年的生平事迹,还原当时接镖、议镖和镖师的生活场景,并设有多个互动场景供游客体验。

攻略

北部郊区 I

特色玩法 城市魅力深体验

古北水镇有一些很精彩的体验不容错过。

夜游长城：如果提灯走桥是一道风景，那提灯游长城一定是一种情怀。在司马台长城上俯瞰小镇上的灯火人家，巍峨挺拔的司马台长城盘卧山顶云端，明黄的灯光映衬着古城砖，如金龙一般。

夜游船：白日里的水光潋滟到了晚上，是另一种风情。灯光与星光遥相呼应，坐在船上清风拂面，花香阵阵，看着两岸的风光是不同于白日的惬意。

夜市：灯光四起时的小镇，开始了又一次的欢腾。广场上的叫卖、美食的香味，还有传统的杂耍演艺，在长城下的小镇上演着一场日不落的庙会。

温泉：古北水镇拥有丰富的地热资源，开采自司马台长城南坡脚下3376米深部基岩。无论是露天风吕池，还是落地窗环绕的静谧室内池，皆可尽享冒着热气的舒坦。在泡汤的同时，欣赏长城的雄壮和水镇美景，尽情享受大自然的悠闲惬意。在古北水镇，不同温度、不同风格的温泉体验，一定会满足你对这个冬天的所有想象。

住宿 驴友力荐的住宿地

作为开放式小镇，镇区配有银行、邮局、书店等一系列配套设施，还配有目前国内面积最大、设施设备最完善的游客服务中心及星级酒店、精品酒店、特色主题的北方民宿等。

古北之光温泉度假酒店（古北水镇旅游度假区）位于景区的中心位置，酒店以长城元素为主题，运用"城墙内饰"的设计手法，极具特色。长城书舍主题酒店（古北水镇卧龙堡民俗文化区）紧邻英华书院和日月岛广场，外观远看似一城堡，内部布局为典型的木质架构，庄重、复古、简约，以书为主题突出诗词国风。古镇里的酒店都很有设计感，可酌情选择入住。

美食 饕餮一族新发现

在古北水镇，可以在长城脚下体验并感受当地独特的民情民俗，住进农家小院，徜徉在繁华的北方商业街，可品尝烧肉馆等地道的北方美食和小吃。

密云水库周边
"燕山明珠"

微印象

@漂云逸鹤：密云水库是北京饮用水的来源地，这里环境保护做得很好，风景优美。水库附近还有许多农家院，都以水库鱼为特色，鱼非常新鲜，味道很好。

门票和开放时间
门票：云佛山滑雪场平日全天220元，周末全天340元，半天190元；五座楼森林公园16元；黑龙潭景区60元；白龙潭景区30元；御龙东方红酒庄园200元起。

最佳旅游时间
每年夏秋季节最佳，这段时间雨水充足，水库水量较大，鱼类多样，树木茂盛，景色较好，周边还有采摘园可以采摘新鲜水果。

进入景区交通
位置：密云城北约13千米处。

1.公共交通：可在东直门乘坐到密云的980快车到密云鼓楼站下车，然后换乘密云的8路车到密云水库下车即达。

2.自驾车：从三环或四环上京承高速到密云城区，沿路标指示到密云水库即可。

景点星级
人文★★　　特色★★　　休闲★★★　　美丽★★★★★　　浪漫★★★　　刺激★★★

北部郊区 I

　　密云水库是亚洲最大的人工湖，总面积达188平方千米，水域面积约91万平方千米，是北京市民用水和工业用水的主要来源，哺育着京城百姓，有"燕山明珠"之称。密云水库坐落于燕山群峰之中，横跨潮、白两河，分白河、潮河、内湖三个库区，水面辽阔，水质优良，山水相映，林木葱郁，风光旖旎。

　　以密云水库为中心，有东西环线景观带，东线是由长城环岛到古北口，60余千米长的公路两侧茂盛的彩叶林树影婆娑；西线由密云区上密溪路到黑龙潭，五座依次矗立的森林公园（五座楼森林公园）鸟声婉转。

攻略

1. 密云水库水很深，水深处活动的鸟类少，而在浅滩处长有水草的地方鸟类较多，它们通常在此觅食、繁殖、活动、嬉戏等，游人可驻足观赏。
2. 日出日落时，在太阳的映照下，飞翔的鸟群是很好的拍摄对象，作品会很有意境。
3. 密云水库库区及大坝是不让游人参观游览的，只有周边一些景点对外开放。
4. 密云水库观景台是纵览水景的最佳地点，位于水库中间地带，伫立于水面之上，前后左右皆空，视野极其开阔。

❶ 云佛山滑雪场

　　云佛山滑雪场位于密云水库的南岸，三面环山，环境优美，现有国际标准长度为1000米的高级道一条、300—700米长的中级道三条、100—300米长的初级道四条及600米长的雪地摩托车道一条，还有与国外共同开发的1.5千米长越野健身滑雪道一条。

Follow Me 北京深度游

攻略

1. 除了滑雪外，雪场内还有雪地摩托车、冰车、滑雪圈、雪雕等多种娱乐滑雪项目可供游玩。
2. 滑雪场内设有餐厅，提供川、鲁、粤、淮扬等各种菜色，还有以密云特色菜为主的各种佳肴，如酱炖大鱼头、侉炖鱼、鱼头泡饼、卤水豆腐等。
3. 度假村内还有客房可供住宿，有标准间、豪华套间、别墅、总统套间等不同类型客房388间，全部建筑均为二三层的中西合璧式建筑，瑰丽高雅。

❷ 五座楼森林公园

五座楼森林公园属于云蒙山系的东端，东连密云水库，北接黑龙潭，是密云水库环湖西路旅游线上的第一站。公园总面积约14平方千米，以山岳高峻、峡谷幽深、森林茂密、溪流飞潭、森林植物种类繁多而著称，春碧夏黛、秋红冬白。登高可俯瞰密云水库，远眺云蒙群峰，可饱览长城关楼，五楼雄峙，气贯长虹。

攻略

1. 五座楼海拔高900多米，山上筑有五座烽火台，气势雄浑，屹于峰巅，在此能将水库全貌风光一览无余。
2. 公园内游玩项目还有森林浴场、登山探险、听瀑游潭、眺海观日、野果采摘、篝火野营、水上娱乐及金秋赏红叶等，是避暑探险的绝佳选择地。

❸ 黑龙潭

　　黑龙潭坐落在密云区石城乡鹿皮关北面的一条全长4千米、水位落差220米的峡谷里，峡谷蜿蜒曲折，峡谷两壁陡峭奇耸，峰峦叠嶂，三瀑十八潭贯穿其中，千姿百态，各领风骚。潭内的通天瀑垂直陡峭，壁如刀削，50多米高的瀑布仿佛从天而降，烟霭升腾，弥漫山谷，冷气扑面；落雁潭由通天瀑冲击而成，潭阔水深，水面100多平方米，水深处三至四米。每当初春或冬近时，大雁到此栖身落脚，喝水觅食，故有"落雁潭"之称。

Follow Me 北京深度游

攻略

每年的4—10月为黑龙潭旅游佳期，来黑龙潭避暑，北可到京都第一瀑，西可游卧虎瀑，南可到云蒙峡，东可观密云水库日出。

❹ 白龙潭

白龙潭位于密云城区东北30千米的龙潭山中，潭内山灵水秀，峰多石怪，叠潭垂锦，松柏满坡，登上景区内的白龙宝塔极目远眺，烟波浩渺的密云大水库天水一色，京师雄美，长城之最司马台举足可攀，燕山最高峰雾灵积雪尽收眼底。

❺ 御龙东方红酒庄园

御龙东方红酒庄园在密云以东约9千米处，庄园主要由两座典型欧式风格建筑和若干山地别墅组成，其中一座"总督府"是按照澳大利亚塔斯马尼亚州总督府1∶1比例建造而成，另一座称"温莎宫"。

自红酒庄园度假村依路而下，一座明清式皇家园林跃然眼前，这就是康乾行宫，行宫重地不乏清兵把守，十分威风。掩映在山水风光里的映月湖公园水美鱼肥，波光粼粼，景色宜人，千米彩绘长廊环抱四周，水面偶有鸳鸯悠然嬉戏，自然与和谐如入画中。

攻略

度假村内有攀岩、独木桥、断桥、求生墙、孤岛求生、高尔夫、真人CS对抗、御龙马术等游乐项目，还可进行烧烤、篝火、垂钓等户外项目。

攻略

美食 饕餮一族新发现

密云水库是北京著名的渔乡，到库区一定要尝一尝味道鲜美的侉炖鱼（用水库水炖的鲜鱼），还有特色美食全鱼宴，选用水库鲜鱼和湖虾做成，味道鲜美。

此外，还可尝尝这里的贴饼子和其他农家菜，如葫芦条炖肉、豆腐粉条炖白菜干、炒卤水豆腐等。如果去环湖的果园内就餐，还有湖边美景伴餐，让人食而忘返。

住宿 驴友力荐的住宿地

水库周边的溪翁庄荞麦峪村、溪翁庄石马峪民俗村、白草洼村、尖岩村等都提供住宿。离水库更近的小型旅馆为数众多，大多在环库公路边，住宿条件比民俗村稍好些，价格稍贵，住小型旅馆十分清静，从房间内即可看见水库风景。

行程推荐 智慧旅行赛导游

西线游程推荐：云佛山度假村—桃源仙谷—清凉谷—黑龙潭—京都第一瀑—天门山—白云瀑及瑞海姆度假村。

东线游程推荐：奥擂国际野外运动俱乐部—御龙东方红酒庄园—雾灵山森林公园—雾灵山庄和司马台长城。

特别提示

1. 水库是封闭式管理，四周设有护栏，游人不要为了接近水源而擅自进入。
2. 为了保护水库的水质，不要违规进入水域从事钓鱼、游泳等活动。
3. 环湖游最好选择晴天出行，傍晚可在东岸观日落景观。
4. 水库南路种植着许多向日葵，6月下旬至8月正值盛花期，喜欢摄影的朋友抓紧时间前往。
5. 拍摄鸟儿的照片时尽可能不要接近鸟儿，更不要故意驱赶鸟群，切勿打扰到鸟儿的正常生活。

南山滑雪场
华北地区规模最大的滑雪场

微印象

@silvergirl：南山滑雪场的雪道数量多，雪质养护好，硬件设施也很完善，除了滑雪，在戏雪娱雪方面还引进了旱地雪橇、雪地飞碟和美式雪山索道滑翔翼等项目，动静结合、老少皆宜。

@吃柿子的南瓜妞儿：每年都会去几次南山滑雪场，不管滑得好不好，就是想感受一下那里的氛围，蓝天白雪，跟城市生活是截然不同的。

门票和开放时间

门票：平日4小时165元，全天185元；周末、节假日：4小时255元，全天295元。滑雪服、教练费及其他娱乐项目需要单独收费。

开放时间：冬季日场 8:30—16:30；夜场18:00—21:30（除夕、初一暂不开放）。

进入景区交通

位置：密云城区正南方，距北京市四元桥约62千米。

1. 公交车：从东直门长途汽车站乘坐980快车到太阳家园下车，然后换乘出租车前往。
2. 滑雪直通巴士：每天8:30分别从三元桥站（时间国际链家地产门口停车场）和五道口站（五道口地铁站B出口向西第一个红绿灯左）发车，17:30从南山返回。

景点星级

人文★★　特色★★★　休闲★★★★　美丽★★★　浪漫★★★　刺激★★★★★

北部郊区 I

　　南山滑雪场占地面积约270万平方米，是集滑雪、滑水、滑草、滑道及滑翔等动感旅游项目为一体的四季度假村。度假村内景色优美，项目内容可概括为"冬季滑雪、春季踏青、夏季戏水、秋季采摘"。南山滑雪场是目前华北地区规模最大、设施最先进、雪道种类最齐全的滑雪度假区。

　　南山滑雪场已建成高、中、初级雪道11条，并拥有中国第一个单板公园——南山—麦罗单板公园，公园是与著名的奥地利MELLOW公司合作兴建，内有跳台4个、6米乘3米的单板墙1个、铁杆6个、U形槽等设施，同时还开辟了国内唯一的"猫跳"和儿童雪地摩托专用道，以及国内第一座六人制雪地足球场。

攻略

1. 如果想滑一天，可在官网上提前预订滑雪票，会比现场购买便宜很多。
2. 可以在滑雪场服务大厅租雪服，费用为40元/（次·套），单租滑雪服或滑雪裤20元/（次·件），押金200元/件（套），存衣柜10元/个。也可租用雪镜、头盔、手套等，雪镜20元/副，头盔30元/个，手套5元/副。
3. 雪场装备有奥地利高科技降雪系统、德国雪道平整车，安装有四人座、双人座架空滑雪缆车各1条，大小地面拖牵缆车9条。在戏雪娱雪方面，雪场建有德国威岗旱地雪橇（滑道1318米）、加拿大雪上飞碟、韩国爬犁和美式索道雪山滑翔翼及儿童滑翔伞。
4. 坐落在兰波湖畔的三栋雪顿木屋别墅是度假村内最具浪漫色彩的宿营地，24套双人间全部配备了温暖的欧式壁炉，而两幢依山别墅——挪威小木屋则带有客厅、老虎窗、露台、厨房，为家庭滑雪度假提供舒适的居所。
5. 除了滑雪之外，场内还有许多娱乐项目，有时间的话可以体验一下。
6. 滑雪场内有滑雪学校，分为双板和单板，价格也不尽相同，可以在其官网上查询，也可在滑雪场的服务中心咨询。

点赞

👍 @食人小鱼：元旦期间跟家人一起去的南山，这里的滑雪道挺专业的，练习道、初级、中级、高级的都有，人虽然不少，但是并不觉得拥挤，非常难能可贵。

👍 @liueos：南山可以说是北京最好的滑雪场，各类设施齐全，雪道多样，交通便利，环境清新，值得一去。

Follow Me 北京深度游
攻略

美食　饕餮一族新发现

滑雪场内有多家餐厅，既有休闲的咖啡厅也有简易的快餐店，还有正宗的东北菜。餐厅主要有阿尔卑斯咖啡角、苔露丝餐吧、南山大食堂、大花堂东北菜馆、薰衣草茶寮等，另外景区内还有露天小吃广场，供应各种风味小吃，铁板烧、关东煮、羊肉串、米线、串串香等美味一应俱全。

住宿　驴友力荐的住宿地

雪顿木屋别墅为阿尔卑斯风格，30间标准间全部配备光电壁炉，既温馨又浪漫。平日和周末价格为580元/（间·夜），节假日为680元/（间·夜）。

此外，雪场内还有依山而建的挪威别墅，每栋别墅配备6间卧室（4间标间、2间榻榻米间），带有客厅、老虎窗、壁炉、厨房。含6间卧室（可住12人）的别墅房价为4880元/（栋·晚），平安夜、圣诞节、元旦、春节长假时为5880元/（栋·晚）；含3间卧室（可住6人）的别墅价格为2880元/（层·晚），平安夜、圣诞节、元旦、春节长假时为3380元/（层·晚）。

平谷百里桃花走廊
没有围墙的"爱情主题公园"

微印象

@zisetongnian：这里的桃花面积非常大，每年桃花盛开的季节都会吸引很多的游客，真是一个不错的桃源胜地。

@北方的南风：一个令人神往的桃花海走廊，成片的桃花让人觉得很浪漫，特别是风儿轻轻吹拂着桃花，花瓣儿随风飘落的情境真的很迷人，有些童话般的色彩。

@小蚊子不咬人：4月中旬去的桃花海，真是漂亮极了。粉色、白色的桃花遍布整个山头，花香飘飘，花瓣飞舞，很诗情画意的一个画面。

门票和开放时间
门票：丫髻山50元，老象峰30元，西峪水上乐园15元。
开放时间：丫髻山森林公园全天开放，老象峰8:30—18:30。

最佳旅游时间
每年4月中旬至5月初是最佳旅游季节，此时是桃花盛开的季节，可以在这里观赏争奇斗艳的桃花。

进入景区交通
位置：平谷区峪口镇、刘家店镇、大华山镇、山东庄镇、南独乐河镇、金海湖镇一带。
公共交通：可在东直门站乘坐918路公交在平谷岳各庄下车，过马路向北走，换乘小峪子方向的20路，就可以直达桃花海。要是去周边多个赏花点观赏桃花，最好在当地包个车前往。

景点星级
人文★★★　特色★★★　休闲★★★　美丽★★★★　浪漫★★★　刺激★★

Follow Me 北京深度游

平谷是中国著名的大桃之乡，22万亩桃园堪称世界最大，从官庄路口北上大华山镇，过了峪口镇，就是"百里桃花观赏走廊"。每年的4月中旬，这里漫山遍野盛开的桃花争奇斗艳、绵延百里、画意天成，让人心旷神怡。青山秀水与绚丽的桃花美景交相辉映，使得平谷成了没有围墙的"世界最大的爱情主题公园"。

❶ 丫髻山

丫髻山位于平谷区刘家店乡，因山顶有两块巨石状若古代女孩头上的丫髻，故得名"丫髻山"。公园内有怪石、暗河、戏楼、南天门、回香亭、东岳庙、灵官殿、碑林等景观；山上的碧霞元君祠始建于唐代，是京东最有名的古刹，建筑辉煌。

攻略

1. 山脚下的牙湖上可荡舟、嬉水，上游还可放河灯。
2. 景区每年农历四月初一至十五举办"丫髻山庙会"，9月12日至10月2日举办"金秋金果碧霞蟠桃采摘节"，届时热闹非凡。
3. 山顶往南是一片桃海，是平谷区最大的桃园基地，时值桃子上市的季节可以大饱桃福。
4. 丫髻山附近有农家院，在那里可品尝正宗的农家菜、柴鸡野生蘑等。

❷ 小峪子桃花海

平谷区桃花海主景区位于大华山镇小峪子村南，占地面积约13平方千米，是平谷发展大桃产业最早、面积最大、品种最多的生态桃基地。每年的4月中旬，这里漫山遍野盛开的桃花，如云如霞如海如潮，吸引了大量游客置身于桃花海中游览，极具观赏价值。

点赞

> @简琉璃：平谷桃花海绝对是春天赏花的上佳之地，置身花海中才能真正体会到世外桃源的意境。
>
> @秋水从容：桃花海简直是太美了，满眼的桃花，让人不由想到"浪漫"这个词，让人有身临仙境的感觉。

北部郊区 I

攻略

1.每年8—10月平谷会举办果品采摘活动，采摘节期间，游客可免费采摘到板栗、核桃、苹果、花椒等各类纯天然干鲜果品。另外，6月初时，在长达3千米的山谷中，红、白、黑三种颜色的桑葚挂满枝头，可免费采摘。

2.小金山在小峪子桃花海附近，山上有个凉亭，站在山顶能看见桃花全景，拍摄角度和效果堪称最佳，许多人把它作为桃花海"摄影基地"。

❸ 挂甲峪村

挂甲峪村地处平谷北部山区大华山镇，是一个充满了神奇色彩的地方，村子以宋代抗辽名将杨延昭曾在此挂甲休息而得名，至今尚有六郎挂甲、古井洞天、太监牧马等千古奇景。

村内林木葱郁、风光秀美，群山如巨龙直达海拔623米的主峰老官顶，形成二龙戏珠之势。峰顶翠柏簇生，苍秀出奇，登峰远眺，西可望京城，北可观密云水库，东可览四座楼长城；尤其是到了晚上，小村亮起点点灯光，与星光、月光相互辉映，真的不知道是在天上还是在人间。

攻略

1.一到桃子成熟的季节，挂甲峪蔬菜水果采摘园便会开放，可进入采摘区自己挑选，其间还可以照相、摘野花，体验纯朴、安逸的田园生活。

2.挂甲峪还有自己的蔬菜大棚，村民可以到这里买到自家院里没有的蔬菜，也可以到这里来采摘，第一时间获得最新鲜的蔬菜。

3.挂甲峪村中心广场上有一座用纸做成的卡通城堡，城堡的屋顶、墙面及里面用的椽子都是用废旧报纸和纸箱加工制作而成，非常有意思，可以前去一看。

Follow Me 北京深度游

❹ 老象峰

位于大华山镇小峪子村内的老象峰因神象巨峰而得名。老象神峰自成独景，体高51.8米，长82米，身、腿、头、尾、鼻、眼无不惟妙惟肖；更有奇者，转换角度观之，又成子母连体之双像，实天下奇观，中华一绝。景区峡谷蜿蜒曲折，山势雄奇，沟深林密，狍子、黄羊、獾可觅踪迹，野兔、山鸡、松鼠、山鸟亦可一见，区内有老象天成、古堡浮云、菊花仙谷、夫妻吟句等20多处景观点缀其间，令人流连忘返。

解说

老象峰蕴藏着五处绝景：一是形态逼真的老象；二是密林幽深，树种多样，树形各异；三是崖壁古城，老象峰之山崖高而陡、美而奇，一段段山崖似人工垒砌而成，形似块垒，恰如城墙，相传为仙人的乐土；四是菊花仙谷，自夏至秋，历经数月，谷内野菊花遍布山坡，争芳斗艳；第五处绝景便是果园千亩了，秋季果香弥漫，自采自摘，是一番悠然的田园情趣。

攻略

1. 金秋时节，谷内千亩果园硕果累累，野菊花漫山遍野，争奇斗艳，可供采摘观赏。
2. 大华山镇北有一个西峪水上乐园，与老象峰和丫髻山相连一线，其水上娱乐项目有手划船、摩托艇、游船和垂钓等，可以体验看看。

❺ 玻璃台村

玻璃台村位于罗营镇东南部、南水峪的尽头，村子四周群山环绕，一条长7千米的小路伴随着弯弯的小溪与外界相通，因地域的关系，玻璃台村少为外人所知，近似原始的生态环境吸引了众多游人前来探访。村子里的山口古隘遗址、山脊蜿蜒的长城、川下台上散落的民居、夕阳西下、炊烟袅袅，构成了一幅《桃花源记》中的美景。

链接　神奇的玻璃叶子

玻璃台村内的玻璃叶有两大功效，一是保存水果，二是加工食物。用玻璃叶保存水果，通风透气，经久不腐，保持水分，水果鲜灵，增加甜度；经玻璃叶熏蒸的食物，会散发一股特殊的香味，沁人心脾。早年间，村里人蒸制食物从来不用屉布。

攻略

北部郊区 |

美食 饕餮一族新发现

可在各个农家院内用餐，除了勾人口水的柴鸡蛋、小鸡炖蘑菇之类的大众菜，还有不可不尝的特色山野菜。

挂甲峪村小木屋内不仅能住宿，还能用餐。餐厅很有特色，最让人叫绝的是其半山腰上的旋转观景餐厅，无论是环境还是规模，都值得称道，在里面即使享用农家美食，也会变得很有情调。

此外，玻璃台村内的玻璃叶炖柴鸡、玻璃翠排、玻璃叶菜团子等都是村内的特色农家菜，村内各农家院内均有"四平八稳"的玻璃宴，300元左右一桌，包括玻璃叶炖柴鸡、玻璃翠排等菜肴，够10人用餐。

住宿 驴友力荐的住宿地

百里桃花走廊这条线上民俗村较多，比如东山下村、挂甲峪村、玻璃台村内的农家乐都很正规。

挂甲峪村：坐落在半山腰上的小木屋最受欢迎，它们虽不大但各项设备齐全，木屋内很干净，在桃花盛开之时需提前预订。

玻璃台村：玻璃台新村是专业民俗旅游村，几乎家家户户都是农家乐，村口有个旅游接待中心，初次来这里可以通过他们安排食宿，推荐农家院。

行程推荐 智慧旅行赛导游

可以沿大华山镇小峪子"平谷桃花海"穿越百里桃花观赏走廊。

1. 穿越路线A：官庄路口左转—峪口镇—平谷小峪子桃花海—大华山镇—挂甲峪—熊尔寨（乡政府西侧向南）—肖家岭—王辛庄齐各庄路口—平谷城区，此路线最适合春季穿越。

2. 穿越路线B：官庄路口左转—峪口镇—平谷小峪子桃花海—前后北宫—大岭—乐政务—王辛庄—平谷城区千亩林果走廊，此路线最适合夏秋季节游览。

3. 经典路线：官庄路口—小峪子桃花海—大峪子—后北宫—王辛庄—平谷城区，该线路道路宽广，路况良好，穿越平谷主要的桃花园区，面积约133平方千米。

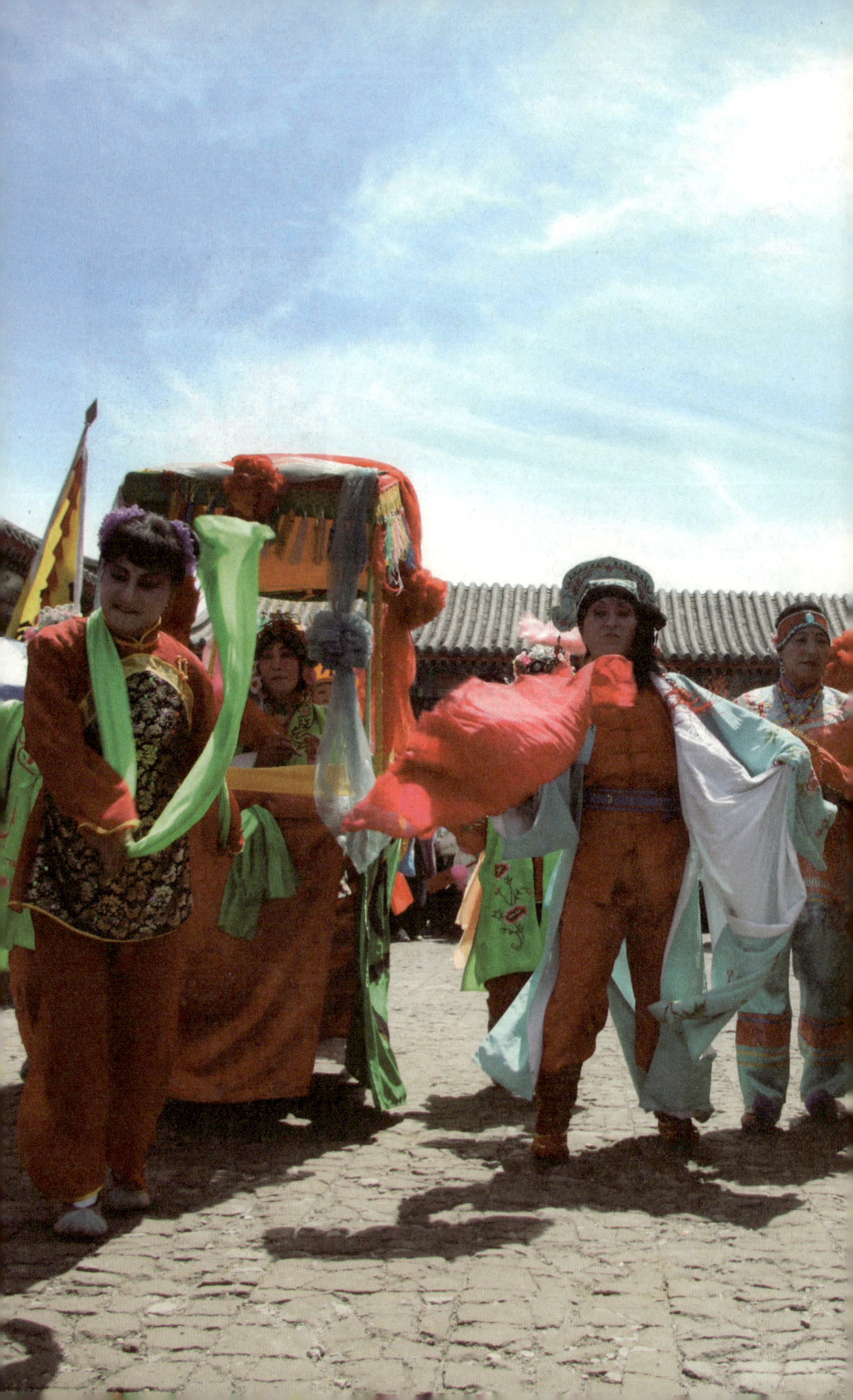

第4章
其他郊区

十渡
石花洞
周口店北京人遗址
潭柘寺
妙峰山
北京环球度假区
北京野生动物园

十渡
北方小桂林

微印象

@花心油：如果把怀柔的山比作正值妙龄的小姑娘，那十渡的山就是硬汉的感觉，直上直下，凌厉、冷寒，让人望而生畏，却又想去征服它。

@393825412：十渡的山很美很壮观，我觉得比较好玩儿的是九渡，有吊桥，还有一个很小的瀑布，没有太多的喧嚣嘈杂，感觉像是到了另一个世界。

门票和开放时间
门票：免费。孤山寨景区75元；东湖港风景区65元；龙湖湾漂流140元，拒马河漂流80元。
开放时间：全天。内部景点及娱乐项目开放时间8:00—17:00。

最佳旅游时间
夏秋季节最佳。十渡属于暖温带半湿润大陆性气候，冬暖夏凉，夏秋水量丰沛，适合户外活动。

进入景区交通
位置：房山区西南拒马河沿岸。
1.公共交通：在北京西站南广场、六里桥东乘917路、917路快车，然后在云居寺路口东换乘F19、F19区间或F16路公交前往十渡。
2.火车：可在北京西站乘坐6437次（丰台站也可上车）、K5295次列车前往十渡，具体时间可查询12306。

景点星级
人文★★　美丽★★★　特色★★★　浪漫★★　休闲★★★★★　刺激★★★★

其他郊区 I

十渡是大清河支流拒马河切割太行山脉北端而形成的一条河谷，全程约20千米，由于在历史上这条河谷中一共有十个渡过拒马河的摆渡渡口，故而得名"十渡"。景区海拔最高点大洼尖约1210.8米，最低点张坊约84.2米，是中国北方唯一的大规模喀斯特岩溶地貌。

景区山清水秀，西南各谷沟的山岭区都有较好的原始次生林，还有珍贵的野生猕猴桃和野葡萄。每个渡口的主要景点具体如下。一渡：水阔山远，"渡源"发祥地。二渡：山高水碧，地下殿堂——仙栖洞。三渡：古寨朝晖，南方大峡谷，穆柯寨。四渡：水嬉沙滩，千尺窗。五渡：群山竞秀，仙峰谷。六渡：水畔农家，碧波园度假村。七渡：孤山倒影，孤山寨。八渡：急流探险，十渡第一漂，麒麟山。九渡：万景峰幻，万景仙沟。十渡：景沐佛光，龙山"佛"光。

攻略

1. 十渡共有十八个渡口，所有渡都在一条线上，由北京前往十渡，依次由一渡至十八渡。
2. 四渡的清江九龙潭有沙滩浴场，还有游船可供游玩，山上建有速降项目。
3. 五渡最著名的景点是仙峰谷，山下建有娱乐城，可供午餐和娱乐。水中有游船，岸边有马队，是一处比较清幽的地方。
4. 六渡主要是沙滩浴场，是十渡风景画廊上一处极好的休闲场所，特别适合儿童嬉戏，附近景区有石人嶂峡谷。
5. 九渡是十渡的旅游中心，不仅有整个十渡地区最大的水面，更有十渡地区最多的宾馆、最多的娱乐项目：北京市最早的蹦极跳台建在水面的小山上，水中各种游船（包括香蕉船、水上自行车、电动船等）应有尽有，还可进行篝火、骑马、漂流、攀岩等娱乐活动。

Follow Me 北京深度游

❶ 拒马乐园

拒马乐园度假区面积达20余平方千米，地界从五渡到十渡，区内河宽水清，山势险峻，步步皆景，四季如画，以"幽、古、秀、谜、惊、险、奇、特"的美景享誉中华。

拒马乐园第一个将勇敢者的游戏——蹦极跳引入中国，使这项惊险、刺激的娱乐项目与十渡的山水完美地结合在一起，引发了全国范围内的蹦极热，被誉为"十渡蹦极，神州第一"，尤其是一处双台蹦极，更是世界第一。乐园内还有观光缆车、峡谷飞人、滑翔飞翼、攀岩、漂流等新奇项目。另外，近邻的碧莹水上游乐场娱乐项目以江南的竹筏为特色，让游客在北方也能亲身感受到江南水乡的风韵。

攻略

除了竹筏，碧莹水上游乐场还有水上飞车、皮划艇、鸭子船、飞机船等娱乐项目，可驾着水上飞车，在水中疾进，浪花飞溅，尽情感受运动的魅力。

亲子研学

十渡十二奇观

景区内有十二大极为罕见的地质奇观，一奇是惊险的孤山寨"一线天"，二奇是神奇的仙峰谷"飞来石"，三奇是仙峰谷、孤山寨、万景仙沟"同圆藻"，四奇是仙峰谷、孤山寨"石中石"，五奇是神秘的"龙山佛字"，六奇是奥妙的"天然石佛"，七奇是"蝙蝠山"，八奇是令人称绝的"太阳升"，九奇是"变脸石"，十奇是"水往高处流"，十一奇是王老铺"三清洞"，十二奇是二渡"仙栖洞"。

❷ 拒马河漂流—南方大峡谷

拒马河是京郊唯一的清水河，河水沿河道蜿蜒而下，自十八渡至三渡之间有几处河道狭窄河水湍急的地方，修筑了多处漂流点。在拒马谷顺水漂流，一边痛快地打水仗，享受水的清凉，一边欣赏十渡美景，悠哉游哉，绝对是夏天里最美的选择。

过三渡桥后映入眼帘的便是南方大峡谷，峡谷中有古朴典雅的古代城楼、千奇百怪的山峰，构成了一派江南风光，因此被称为江南大峡谷。《戏说乾隆》《武则天》《寇老西儿》等几十部影片均在此取景拍摄。

其他郊区 |

攻略

1. 过了二渡渡桥，能看见千河口的五指山，此山因形似如来佛的五指而得名。
2. 十渡竹筏是水上最受欢迎的娱乐项目，竹筏是用粗竹子结扎成的筏子，在北方的河面上感受南方的水上生活，很有意思。
3. 漂流时最好多带套衣服，漂流不可避免会打湿衣服，上岸后没有干衣服换会很难受。
4. 参加漂流不要穿皮鞋，平底拖鞋、塑料凉鞋和沙滩鞋都可以；也不要穿太名贵的衣服，免得湿了心疼。

❸ 穆柯寨—孤山寨

穆柯寨位于南方大峡谷西部拒马河南岸的一条峡谷中，这里曾是辽宋古战场，沿山路进入层层寨门，可饱览当年雄姿，寨内由三道寨门、聚义厅、练武场、点将台、射箭场、迷魂阵、天门阵图等部分组成。

孤山寨为七渡村南的一条风景沟谷，因三座孤立的山峰而得名，是景区内最著名的一条大峡谷。步入峡谷，两侧山峰林立，怪石嶙峋，越向里走山势越险峻，峡谷越窄，最窄处仅为5米，沟中的一线天长300米，高百米，是北京地区迄今为止发现的最大的"一线天"景观。

攻略

1. 孤山寨主要有四大景观：京郊最长的铁索晃桥、千古河床、一线天以及京郊独一无二、规模最大的瀑布群落——野人谷。
2. 七渡中还有风动石景区，并建有飞降娱乐项目，可尽享刺激体验。

点赞

👍 @starstar2：十渡是一处很不错的避暑胜地，青山绿水相间，还有许多娱乐项目，如蹦极、竹筏、骑马，还有许多农家院，非常适合周末度假。

👍 @我爱旅游：十渡是北京的老牌景区，游玩内容非常丰富，这里不仅有各种水上娱乐项目，还有刺激的蹦极跳，站在高高的跳板上纵身往下一跃，所有烦恼全被扔在脑后了！

Follow Me 北京深度游

❹ 东湖港

东湖港地处十五渡，与野三坡毗邻，是绿色旅游和度假的胜地，有"险梯叠瀑，檀林氧吧"的美誉。东湖港自然资源丰富，动植物种类繁多，生机盎然妙趣横生，翠绿的檀林、蜿蜒的千年古藤遍布整个峡谷，古老而神秘，区内主要景点有三叠瀑布、华北第一栈道、雄鹰展翅、情人谷、秀乳峰、东湖顶峰等。

攻略

1. 领略了东湖港自然天成的妙趣后，可在秀丽的拒马河上荡筏划艇、嬉水摸鱼，尽情享受酷暑中的凉意。
2. 十七渡大峡谷是真人CS野战基地，门票为80元/（人·时）（含服装、枪械使用、教练费）。
3. 十八渡狼牙河漂流位于十渡和野三坡交界处，全长3.5千米，门票80元/人，漂玩全程约2小时。

攻略

行程推荐 — 智慧旅行赛导游

一日游线路：早晨由北京出发，到十渡后游览东湖港，赏三叠瀑布，走华北第一梯，登凤凰岭和东湖顶峰，全程游览约3小时；午餐休息后前往西湖港，赏奇潭峡谷美景，然后划竹筏，尽情感受水世界，可打水仗；约16:30返回市区。

二日游线路：DAY1：上午出发，中午到达景区后入住生态小院，享用午餐；下午前往拒马河十八渡进行漂流；晚餐后可参加篝火晚会，放许愿灯。DAY2：如果人多可在早餐后组织大峡谷真人CS野战，也可到孤山寨或者东湖港等景区赏景；午餐后前往拒马乐园体验蹦极，然后启程返京。

美食 — 饕餮一族新发现

十渡景区的餐饮业非常发达，景区内已经有农家餐馆300余家，每个农家乐内都有餐厅，主要经营地道的农家饭菜，地方风味烧烤很受游客欢迎。这300余家农家餐馆按照自然村的分布，分别坐落在拒马河沿岸的景区内，环境优美，饭菜可口，经济实惠。其中，有山家园旗下的十里飘香农家餐厅可供300人同时就餐，是十渡地区最大的农家餐厅。

住宿 — 驴友力荐的住宿地

到十渡旅游一路上有许多农家院，大的农家院可提前在网上预订。需要注意的是，周末或节假日到十渡旅游的人很多，最好提前订房。

石花洞
罕见的地下溶洞奇观

微印象

@复印兔子：进入石花洞发现里边的景色真是非常的壮观，布满了各种石花。一路上导游都耐心陪同，细心讲解，让我更加了解了洞中的神奇。

@qzwgyxx：洞内冬暖夏凉，各种形状的钟乳石也算是大自然的恩赐，慢慢走，欣赏一下这奇异的景观还是很不错的。

@tbsunflower：洞内有很多钟乳石，让人惊艳，进去之后仿佛有点与世隔绝的感觉，恍惚间想起了故事中的世外仙山。

门票和开放时间
门票：70元。
开放时间：旺季8:30—16:30，淡季9:00—16:00。

最佳旅游时间
游览石花洞四季皆宜，溶洞内冬暖夏凉，春秋气温亦适宜。

进入景区交通
位置：房山区河北镇南车营村。

1.公共交通：乘坐地铁房山线，然后在后沿村换乘F43路公交可达；在北京西站南广场、六里桥东乘坐836路、917路公交，然后在阎村路口换乘F43路公交可达。

2.自驾车：京石高速公路房山（阎村）出口，途经坨里到达石花洞；或从京石高速房山良乡机场出口出，途经青龙湖、北车营到达石花洞。

景点星级
人文★★★　　美丽★★★★　　特色★★★　　浪漫★★★　　休闲★★★★　　刺激★★★

Follow Me 北京深度游

　　石花洞又称十佛洞，系明代法师圆广于明正统十一年（1446年）云游时发现，初命名为"潜真洞"，并在洞外的石崖上雕刻了"十三地藏"和洞名，在洞内镌造了"地藏三菩萨"的大理石佛像。洞内的岩溶沉积物数量为中国之最，与闻名中外的桂林芦笛岩、福建玉华洞、杭州瑶琳洞并称我国四大岩溶洞穴。

　　洞穴为多层多支的层楼式结构，共七层，一至六层为旱洞，七层是地下暗河，目前仅对外开放一至四层，游程2500米。洞内沉积物绚丽多姿、密集丛生，共有5种类型、33种形态，现已形成20大景区、150多个主要景观，各个景区遥相呼应，互为映衬。其中，最为典型的是众多的五彩石旗、奇异盾及国内洞穴中仅有的月奶石莲花。另外，还有岩洞天窗和地下水塘，为我国仅有。

❶ 一层—二层

　　第一层全长约348米，主要由"雄狮迎客"、地藏王菩萨石佛、"玉屏翠影"、"蓬莱仙岛"等组成。这一层主要有两个大厅，第一个长64米，最宽处23.4米，景物众多，如同仙境，被称为"蓬莱仙境"；第二大厅内的景观像是一个漂亮的莲花池，盛开着朵朵的莲花，形似蘑菇、菜花，地质上称为"月奶石"，为洞内第一大奇观和全国之最。通过连接洞可进入第二层。第二层游览路线长度约为1352米，分布有五个大厅，有竹篱茅舍、白玉天蓬、银旗、腾流瀑布、玉柳垂荫、擎天鸳鸯柱等景观。

解说

　　1.石花洞中的石笋微层记载了自公元前665年至1985年以来北京夏季逐年温度，所以被称为"千年温度计"；由于石笋年层能够直观地告诉我们年代，因此又被称为"天然时钟"。

　　2.一层厅内有一个两人对弈的石像，中间的一位好似裁判，石像是由滴水沉积形成的，只有棋盘和棋子是人工摆放的。

其他郊区 |

攻略

1. 石花洞停车场距离洞门口还有大约10分钟的路程，回来的时候如果怕京石收费站堵车，可以选择京良路到花乡上四环，新发地上京开高速。
2. 景区有免费讲解员带领游客一同进入，尽量不要掉队，全程有讲解员讲解才会观赏得更有意思。
3. 洞内灯光为连锁装置，开前关后，在洞中走路不观景，观景不走路，一定要注意安全。

❷ 三层—四层

第三层和第四层为科学探奇观赏层，游览路线约800米，这里有洞内形成的微小景观和正在生长的景观，是在一、二层洞内所看不到的，主要景观有石盾——龙女绣花台、十米画廊、竖盾——仙人镜、大戏台、海龟护宝、天生桥、石花——火树银花、石菊花、花笋塔林、朵状石花等。

攻略

1. 如果想仔细观看洞中景观，最好自己带个手电筒。
2. 洞内常年平均气温在十几摄氏度，越往下走越会感到气温低，建议在夏季入洞时多带一件外套。
3. 在第四层中途的一个斜坡上必须得低头弯腰、手脚并用地爬行，这里是通往第五层的一个通道。有一段路是往返的，然后再从右面的梯子上去才能出洞。

点赞

👍 @你是特牛：洞里面的各种钟乳石形态各异，造型逼真，可以称得上美轮美奂，北方地区最好的喀斯特溶洞这个名号绝对名不虚传。

👍 @周一休息：很喜欢这里，冬暖夏凉，很感谢大自然的无私赐予。洞内各种各样的石钟乳，有的像人物，有的像动物，还有的像蔬菜，使得人们浮想联翩。

攻 略

食宿 饕餮一族新发现

景区有颐年山庄、玫瑰园、北台民俗村、将军坨等大型生态疗养、休闲度假生态园区、世纪文化交流中心等可供住宿，节假日最好提前订房。颐年山庄坐落在石花洞景区的中心；北台民俗村以京西南深山区民俗农家生活为基础，而扩展为集农家生活、农事活动、民俗娱乐、林果采摘、休闲度假为一体的综合性民俗度假村。

颐年山庄、北台民俗村、世纪文化交流中心内均设有餐厅，菜品以山野菜、自养家禽为原材料，绿色无污染，价格适中，让人在享受自然原始的山野风光的同时还可品尝可口的农家饭菜。

周口店北京人遗址
中国旧石器时代的重要遗址

微印象

@kennku：周口店遗址内介绍了人类起源，十分丰富多彩，博物馆内有50万年前的头盖骨和现在已经灭绝的1万年前的动物骨头，是很精彩的旅游景点。

@kucheng：遗址里面有一个博物馆，经常会有一些展示，还会在大屏幕上播放动画，回顾人类的发展史，很有学习意义。

@青青小草：展区布置得不错，进门通道两侧是发现北京猿人的考古学家的大幅照片，走到头是介绍周口店遗址的展厅，展厅里的录像全面展示了周口店遗址的发现全过程，让人有种回到了几十万年前的错觉。

门票和开放时间
门票：博物馆30元，遗址公园30元。
开放时间：旺季（4—10月）9:00—16:30，淡季（11月至次年3月）9:00—16:00。

进入景区交通
位置：房山区周口店大街1号中国房山世界地质公园周口店园区内。
1.公共交通：在北京西站南广场、六里桥东乘坐836路、917路公交到周口店路口下车，步行1.5千米到达。
2.自驾车：京港澳高速（原京石高速）—阎村出口下高速—京周公路直达。

景点星级
人文★★★★★　　美丽★★★　　特色★★★★★　　浪漫★　　休闲★★★　　刺激★★

其他郊区 I

　　周口店遗址背靠峰峦起伏的太行山周口店龙骨山，面临着广阔的华北平原，山前一条小河潺潺流过，是50万年前北京猿人、10万年至20万年前新洞人、1万年至3万年前山顶洞人生活的地方。

　　周口店遗址分遗址区和博物馆两部分，遗址区有著名的猿人洞、新洞、山顶洞等多个化石地点，其中猿人洞是周口店遗址最重要的组成部分，是最先出土北京人头盖骨的地方；博物馆含序厅和六个展厅，藏有大量珍贵的文化遗物、动物化石、石器，以图文并茂的展示形式向人们诠释了周口店遗址的历史。

1 遗址区

　　遗址区分为26个地点。周口店村西有两座东西并列的山丘，东边的一座有一个大山洞，为周口店第一地点，俗称"猿人洞"，洞东西长约140米，中部最宽处约20米。考古学家在第一地点发现了用火遗迹，包括五个灰烬层、两处保存很好的灰堆遗存，烧骨则见于有人类活动的各层。此外，还发现烧过的朴树子、烧石和烧土块，甚至个别石器有烤灼的痕迹。

　　"北京人"化石从第二层至第三层均有发现，共出土骨头6具、头骨碎片12件、下颌骨15件、牙齿157枚、股骨7件、胫骨1件、肱骨3件、锁骨和月骨各1件，以及一些头骨和面骨破片。这些"北京人"遗骨分属40多个体，但绝大多数人化石在珍珠港事变前后下落不明。现存的第一地点的人化石保存在我国的有7枚牙齿、1段肱骨、胫骨1段、顶骨和枕骨各1件，以及1具保存完好的下颌骨；1927年以前发现的3枚牙齿则在瑞典，由早期在周口店工作的步林保管着。

亲子研学

体验考古的乐趣

　　在遗址博物馆内有300平方米的模拟田野发掘区域，采用打格分方法，制作成1平方米的方格，在遗址博物馆专业人员带领和指导下，利用专业发掘工具进行发掘。在发掘过程中，讲解员还会介绍史前考古发掘程序和如何辨别化石等相关知识，让人们体验到考古发掘的乐趣。

点赞

👍 @东城街の楠：在这里可以学到很多远古人类时期的生活习性、生活状态，了解化石和地质等知识，对我们有很大的帮助。

👍 @zwy01：一进景区大门就是一条林荫大道，很清静优雅，环境也很干净。在北京猿人头盖骨的挖掘地能看到不少历史介绍，喜欢研究人类起源的朋友们千万不要错过。

2 博物馆

　　周口店遗址博物馆始建于1953年，是中国建立的第一座古人类遗址博物馆，含七个展厅，序厅内是周口店遗址全景图及中、英、日文介绍。

第一展厅内展示了周口店遗址沙盘及地理位置、各地点分布图；第二展厅是历史回顾展厅，利用珍贵历史图片及实物相结合的方式介绍周口店遗址的发现与发掘历程；第三展厅用实物、图片、图表等多种形式集中展示"北京人"体质特征、制造石器、用火、采集和狩猎情景；第四展厅介绍猿人洞的形成及"北京人"生活环境和伴生的动物化石展览；第五展厅主要介绍了山顶洞、第4地点、第15地点、第14地点、第2地点、第13地点、第20地点发掘情况及部分化石展览；第六展厅是周口店遗址第27地点（田园洞）发掘成果展及人类演化浮雕和放映厅。

攻略

1. 博物馆内设有3D放映厅，淡季每天播放2场，旺季每天播放4场，每场时间8分钟，限45人。淡季播放时间：9:30、14:00。旺季播放时间：9:30、10:30、14:00、15:00。

2. 馆内有三维动画、模拟发掘、动手制作、磨制骨针、模型装架等特色科普项目，可在专业人员的指导下利用石膏和模具翻制猿人头、肿骨大角鹿、鬣狗等模型，还可以将亲手制作的模型带回家留作纪念。

3. 博物馆有中文、英语、日语、韩语专职讲解员为观众提供免费讲解服务，为每半小时定时讲解，团体随到随讲，全程讲解时间约为90分钟（不含互动项目参与的时间）。同时，馆内还提供中、英、日、法、韩语音导览讲解器服务。

攻　略

食宿　饕餮一族新发现

来周口店参观可当天返回北京市区住宿，也可住在周口店村内或附近的韩村河农家乐内。

景区职工食堂提供自助餐和点菜服务，另外还可到周口店大街用餐，炖肉馆、龙源饭店都是不错的去处。

行程推荐　智慧旅行赛导游

线路1：猿人洞—鸽子堂—第15地点—第4地点—第12地点—第3地点—顶盖堆积—山顶洞—博物馆—科学家纪念园—第2地点。

线路2：博物馆—科学家纪念园—第2地点—山顶洞—顶盖堆积—第3地点—第12地点—第4地点—第15地点—鸽子堂—猿人洞。

潭柘寺
佛教传入京城后最早修建的寺庙

微印象

@苏菲浅：不知道从什么时候开始，潭柘寺的香火变得很旺，逢年过节的时候总是人头攒动，十分热闹。整个寺院干净整洁，在院内随处走走，能让人的情绪安静下来。

@smileblue：正值玉兰花开的时候去的潭柘寺，刚入寺门就看到几棵高大的满树繁花的白玉兰，最里面的紫色玉兰和二乔玉兰也开得"热闹"，古寺的春天真的很美。

门票和开放时间
门票：50元。
开放时间：旺季7:30—17:00，淡季8:30—16:30。

最佳旅游时间
每年4月，潭柘寺的古玉兰如约绽放，美不胜收；10月则是潭柘寺最美的季节，寺庙的楼阁淹没在如火似霞的山林里，如仙境般美丽。

进入景区交通
位置：门头沟区潭柘寺镇潭柘山麓。
1.公交车：1号线地铁苹果园站出站后在西侧公交站换乘931路公交车，终点站即是潭柘寺。
2.旅游专线：旅游旺季时每周六日在天安门西的北京旅游集散中心有去往潭柘寺的旅游专线大巴。

景点星级
人文★★★★　　美丽★★★　　特色★★★★　　浪漫★★★　　休闲★★★　　刺激★★

Follow Me 北京深度游

　　潭柘寺始建于西晋永嘉元年（307年），因寺后有龙潭，山上有柘树，故民间一直称为"潭柘寺"，素有"先有潭柘寺，后有北京城"的民谚。潭柘寺背倚宝珠峰，周围有九座高大的山峰呈马蹄状环护，山峰挡住了从西北方袭来的寒流，使潭柘寺所在之处形成了一个温暖、湿润的小气候，因而这里植被繁茂，古树名花数量众多。

解说

　　潭柘寺寺庙殿堂随山势高低而建，错落有致，据说明仅初期修缮紫禁城时就是仿照潭柘寺而建成的。
　　潭柘十景：平原红叶、九龙戏珠、千峰拱翠、万壑堆云、殿阁南薰、御亭流杯、雄峰捧日、层峦架月、锦屏雪浪、飞泉夜雨。
　　潭柘八宝：画祖、自油柱、魔佛肉身像、石鱼、大铜锅、百事如意树、帝王树、金玉良缘竹。

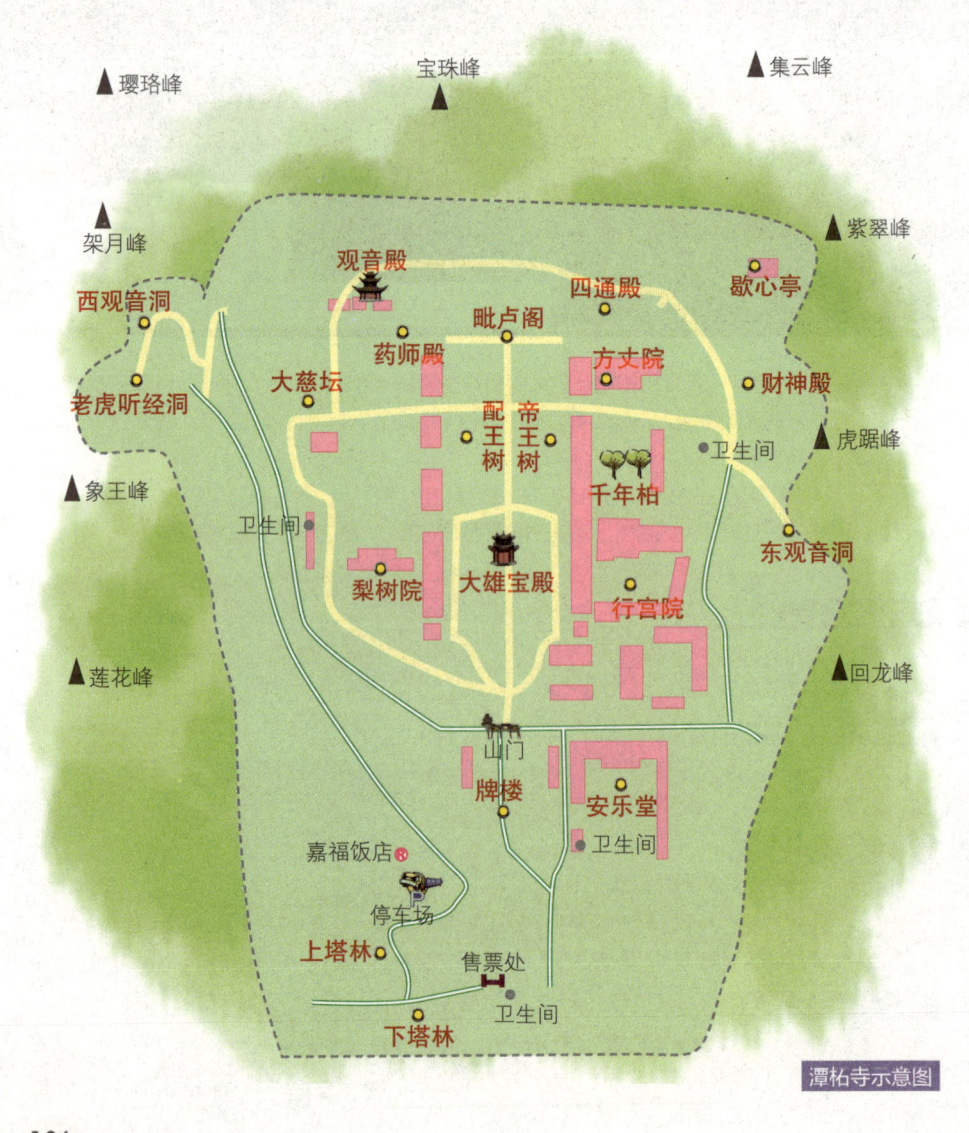

潭柘寺示意图

其他郊区 |

寺庙坐北朝南，主要建筑可分为中、东、西三路，以一条中轴线纵贯当中，左右两侧基本对称，建筑形式有殿、堂、阁、斋、轩、亭、楼、坛等，多种多样。寺外有上下塔院、东西观音洞、安乐延寿堂、龙潭等众多建筑和景点，宛如众星捧月散布其间，组成了一个景点众多、样式多样、情趣各异的景区。

攻略

1. 寺内为香客提供免费的香，而且不鼓励外带，所以不需要在外面买香。
2. 潭柘寺东南方向约几千米处便是戒台寺，可以一并游览。从潭柘寺门前的公交潭柘寺站乘坐931路到门头沟南村站，换乘948路到戒台寺站下车即达。

站在寺门前，中路山门门额上有康熙皇帝亲手书写的"敕建岫云禅寺"几个大字。进了山门是天王殿，正面供奉弥勒佛，背面是韦驮，四周是四大金刚；往前是大雄宝殿，供奉释迦牟尼；再往前是两棵巨大的银杏树，谓之"帝王树"和"配王树"，帝王树相传为朝代更迭的象征：每一个帝王登基，树根就生出一新枝，很快与主干合拢；而当皇帝驾崩时，就有硕大的枝干掉下来，充满了神奇色彩。

解说

这两棵银杏树相传植于唐贞观年间，东边的那棵叫"帝王树"，看起来确实有一种傲视天下、睥睨群雄的气势；西边原来准备种一棵雌树，与雄树相伴，但是种完之后才发现也是一棵雄树，于是只好称为"配王树"。

Follow Me 北京深度游

攻略

1. 潭柘寺是京城百姓春游的一个固定场所，"四月潭柘观佛陀"是京城百姓的一项传统民俗。潭柘寺每年会举办"浴佛法会""莲池大会""龙华圣会"等佛门盛宴，届时各地游僧和善男信女都会赶来，非常热闹。

2. 古时人们进香时有几条进香古道，分别是芦潭古道、庞潭古道、新潭古道、门潭古道、潭王古道，现如今一些路段保存基本完好，其中从平原村到潭柘寺的一段古香道皆用条石铺成，可以走一下。

寺前有一处塔林，分为上、下塔院，塔林内保存着形式多样的历代佛塔七十余座，众塔林立，气势森然，一座座形式各异的砖石塔，经过千百风雨磨砺出红、紫、褐、黄、白、灰等各种颜色，苍古斑驳。下塔院的塔林埋葬着金、元、明三代的部分高僧，塔形不一，有石经幢式塔、方形单层浮层屠式塔、密檐式砖塔和覆钵形藏式石塔。修建最早的塔是下塔院的海云禅师塔，至今已有800年历史。

来到毗卢阁后，两殿之中有一座白塔，不如北海的大，但也是北京六座白塔之一。从毗卢阁往上为观音殿和石鱼，据说石鱼是玉皇大帝赐予潭柘寺的，因而有灵气，摸石鱼可确保疾病痊愈。

主殿大雄宝殿正脊两端各有一巨型碧绿的琉璃鸱吻，是元代遗物，上系以金光闪闪的鎏金长链。据说，康熙皇帝初来潭柘寺时，看见鸱吻跃跃欲动，大有破空飞走之势，于是命人打造金链将它锁住，并插一剑，今鸱吻上的"镀金剑光吻带"就是康熙所赐。

攻略

1. 寺院内大雄宝殿东侧明清代阁楼为茶院，与行宫院连为一体，内设茶座，茶院内古朴素雅，在此品茶，可聆听古刹钟声，观看寺院香火。

2. 寺庙附近有个赵家台民俗村，可以去那儿品尝农家饭菜、进行采摘，还可以向村民学习编织、刺绣、紫石雕刻等民间手工艺，晚上还有篝火晚会。

其他郊区 |

点赞

👍 @开心富翁：潭柘寺的风景很美，仿佛世外桃源一般，从远处看，寺庙矗立在群山之中，庙内处处弥漫着檀香的味道，很有意境。

👍 @叶子：潭柘寺中两口大铜锅是一绝，一口在天王殿前，和尚们炒菜用之。另一口在东跨院北房，据说煮一次粥能放十石米，十六个小时粥才熟。由于锅大底厚，文火慢熬，故而熬的粥既黏且香。

攻略

食宿 饕餮一族新发现

潭柘寺的素斋非常出名，在寺内的嘉福饭店西侧饭店内能吃到，可以品尝一下。

嘉福饭店位于潭柘寺正门东西两侧，东侧安东堂为两进四合院，院内有高大的苍松翠柏、桫椤树遮阴，后院有标准间客房11间。西侧饭店为仿古建筑，有客房25间，其中4个套间，共50个床位，还有可供200人同时进餐的餐厅。

另外，潭柘寺还有3个独具特色的古典四合院式客房分布在古刹之中。行宫院内有15个床位，两个豪华会议室；大悲坛有20个床位；梨树院内有22个床位；寺外东南院有4个床位。

特别提示

❶ 如果是自驾车前往的话，沿108国道返京的时候途中会经过戒台寺，可以顺道游览一下。

❷ 在殿内佛堂不要拍照，尤其不能开闪光灯。

妙峰山
京都第一仙山

微印象

@e03433725：去妙峰山时正好赶上玫瑰花开，竞相绽放的玫瑰花十分漂亮。山上寺庙维护得很好，环境幽静，树木层次繁多，最重要的是人很少，特别适合喜欢清静的人来。

@吕丽阿萍：妙峰山有名的是玫瑰园，由于山还没有被完全开发出来，所以还有一种"养在深闺中"的感觉，不管城里如何喧闹，这里总有世外桃源的感觉。

门票和开放时间
门票：40元，玫瑰谷20元。
开放时间：8:00—17:00。

最佳旅游时间
妙峰山有两个最佳旅游季节：一是5月，此时山上的玫瑰花盛开，非常浪漫；二是10月初，又可看红叶，又正值妙峰山庙会，比较热闹。

进入景区交通
位置：门头沟区妙峰山镇。
1.公交车：乘坐地铁6号线在金安桥西站下车，换乘M6到涧沟下车。
2.长途车：5—9月双休日苹果园站有长途汽车直达，庙会期间每天有车。也可在苹果园站乘326、336路公交至河滩换乘长途汽车前往。

景点星级
人文★★★　　美丽★★★★　　特色★★★　　浪漫★★★　　休闲★★★★　　刺激★★★

其他郊区

妙峰山旧名仰山,因山势雄峻,五峰并举,妙高为其一,故亦称妙高峰。妙峰山以"古庙""奇松""怪石""异卉"而闻名,这里峰底开阔,空气清新,灌木群英,生机盎然,有大量木本植物和优质药材,各类奇花异卉四季常开,山桃花、野丁香、野茉莉、杜鹃花、麦秆菊、千亩玫瑰花、千亩梨花此开彼落,形成了"四面有山皆如画,一年无日不看花"的特有景致。

山上有日出、晚霞、雾凇、山市等时令景观,有戴"华北一绝"桂冠的千亩玫瑰花,有华北地区规模最大的传统庙会,山下还有集名人古迹、樱桃采摘、池塘垂钓、民俗观光于一体的樱桃沟村,可谓是北京周边最具文化底蕴的景区之一。

此外,妙峰山还有许多著名古寺,如辽代皇家名刹仰山栖隐寺、大云寺、宛平八景之一"灵岩探胜"的滴水岩、末代皇帝溥仪的英文老师庄士敦的别墅等,可谓"山为佛生景,佛为山增色",二者相得益彰。

> 点赞 👍 @我爱臭宝贝:妙峰山真是太美了,看着蓝天山峰,置身在如画的风景之中,生活中的一切烦恼都随风而去,心情自然就开朗了起来。
>
> 👍 @丹英山侠:对妙峰山印象最深的便是那遍地的野花,很多不知名的野花,非常漂亮,看了之后让人心里很舒畅,在山顶心里也变得敞亮起来了。

1 娘娘庙

娘娘庙位于妙峰山主峰的台地一隅,始建于辽代,主要祀奉天仙圣母碧霞元君。寺庙依金顶地形,偏向东南,面对北京城。庙宇以山门殿充当庙门,三处庙宇群(灵感宫、回香阁、玉皇顶)依山取势,参差错落,高低有致。

惠济祠西侧有小径通幽,几处独立的景观掩映于一条沟谷内,谷口两块巨大的山石挤靠在一起,遮天蔽日,只留下一线的缝隙,余晖中紫色霞光从缝隙洒下,小径充满灿烂霞光,有人称其为"佛光普照"。

Follow Me 北京深度游

攻略 | 娘娘庙庙会

每年农历四月初一，妙峰山都要举行盛大的春香庙会，历时半个月之久。庙会除完整保留了明清时期香客朝顶、香会酬山、施粥、布茶、舍馒头等传统形式外，还增加了商品交易、民俗展示、文艺演出等新内容，成为京城独具魅力、积极健康的民俗活动。

亲子研学

妙峰山娘娘身世之谜

关于天仙圣母碧霞元君的身世，自古至今，众说纷纭，概括起来主要有以下几种说法：东岳大帝的女儿，京津地区的民间多认为天仙圣母碧霞元君是东岳大帝的女儿；民女，《玉女卷》中曾记载过碧霞元君的出生及修道成仙的过程，时下妙峰山仍以农历四月十八为娘娘的生诞日；黄帝七女之一，李谔之《瑶池记》中云："黄帝尝建岱岳观，遣七女，云冠羽衣，焚修以迎西昆真人，玉女盖七女中之一，其修而得道者"。

以上三种说法为文献记载，民间故事传说更多，有华山玉女说、太真夫人说、玉皇大帝的女儿说、石敢当的女儿说、黄飞虎的妹妹说等。

② 玫瑰谷

妙峰山为我国的"玫瑰之乡"。在主峰东侧的阳山和西侧等处遍种玫瑰花，面积达上万亩，走在玫瑰园里的石阶小道上，玫瑰馨香扑面而来，让人陶醉。

小贴士

看玫瑰一定要深入花田，因为远远看去除了整齐的梯田状外，与普通的山头没有太大区别。

攻略

1. 每年5月左右，漫山遍野的玫瑰开放，紫红一片，场面很壮观，也很浪漫，特别适合情侣前来游览。
2. 妙峰山观赏玫瑰的最佳地方有两个：一是阳山玫瑰种植（观光园）基地；二是景区西侧的玫瑰花圃，专供游人欣赏，里面还有一个"玫瑰仙子"的雕像。

③ 樱桃沟村

樱桃沟村位于妙峰山山脚下，清代称"寺底下"，因辽代著名皇家寺院——仰山西隐禅寺雄居村中的莲花峰而得名。

20世纪90年代，樱桃沟村发展为北京市的樱桃种植基地，主要有那翁、红灯、红蜜、大紫、佳红等18个品种，樱桃园中建有不同风格的凉亭，数千米水流小溪、甬道在果园中蜿蜒曲折，十几座木制小桥、水车、鸟窝、兔舍、柴鸡散养点缀其间，大有江南"小桥、流水、人家"的别致景象。4月樱桃花开遍果园，5月樱桃成熟之际，海棠大小的樱桃像红宝石、似红玛瑙挂满枝头，万余株樱桃树叶绿果红，构成一幅天然山水画。

其他郊区

攻略

樱桃沟采摘门票为100元，进园内后樱桃随便吃，如果要带走80元/斤。采摘一般到6月下旬结束，采摘时间为8:00—18:00。

攻略

食宿 饕餮一族新发现

妙峰山山脚下有很多农家院，价格都差不多，农家院里都会提供自家食物，主要有野菜、农家菜之类的，味道还不错。此外，樱桃沟门口有个山庄，档次比较高一些，可根据自身情况选择。

行程推荐 智慧旅行赛导游

登山路线推荐：穿过妙峰山前牌楼，进入景区；沿山路直上，可游览娘娘庙（娘娘庙顶西侧的玫瑰园是观赏玫瑰的最佳地点，要单独收费，玫瑰在主峰东南的涧沟村一带尤为兴旺）、灵官殿、天齐庙、大觉寺等人文景观；最后抵达峰顶的玉皇庙。全部行程约3小时，游览结束后乘车前往采摘园，采摘著名的京白梨。

北京环球度假区

人气超高的主题乐园

微印象

@maomao：七大主题各有特色，每个主题里面都有3—5个游乐项目。我们不敢坐过山车，所以我们的游览路线以看演出为主。热门的项目排队在一小时以上我们就没有全部体验。

一朵绒绒：霸天虎过山车、火种源争夺战、禁忌之旅都很好玩，演出项目也很不错，道具造型都很用心，不会觉得无聊。小黄人和哈利·波特区很适合拍照，霸天虎过山车也一定要尝试！

门票和开放时间

门票：淡季418元；平季528元；旺季638元；特定日748元。3—11岁儿童、年满65周岁以上的老人及残障人士享受七五折优惠；3周岁以下的婴幼儿免票入内。

开放时间：10:00—19:00，环球城市大道8:00—21:00。

最佳旅游时间

一年四季皆宜，以春夏秋季节最佳。

进入景区交通

位置：北京市通州区梨园镇（六环路西侧、京哈高速路北侧）。

乘车路线：乘坐北京地铁1号线八通线、7号线在环球度假区站下车即可抵达；或者乘坐公交车589路和T116路也可抵达北京环球度假区。

景点星级

人文★★★★★　　美丽★★★★★　　特色★★★★★　　浪漫★★★★　　休闲★★★★

刺激★★★★

其他郊区 |

北京环球度假区是世界第五个、亚洲第三个环球影城主题公园，目前全球已开放的环球影城主题公园包括：美国好莱坞环球影城、美国奥兰多环球度假区、日本环球影城和新加坡环球影城。北京环球度假区已经于2021年9月20日隆重开放。

北京环球影城主题公园包括哈利·波特的魔法世界、变形金刚基地、功夫熊猫盖世之地、好莱坞、未来水世界、小黄人乐园及侏罗纪世界努布拉岛七大主题景区、37个骑乘设施及地标景点、24个娱乐演出、80家餐饮及30家零售门店。

小贴士
主题公园入口和北京环球城市大道均没有寄存柜和行李寄存服务中心，主题公园主入口内可以租婴儿车和轮椅。北京环球影城内有两个家庭中心，其中一个位于进入主题公园后的入口广场右侧，另一个位于功夫熊猫盖世之地的医疗站内。家庭中心可以提供以下服务。静室：特殊配置的房间，有认知障碍的游客与家人可以在此稍作休息。哺乳室：带锁的私密房间，供哺乳用，并配有椅子。

❶ 哈利·波特的魔法世界

这里充满了许多创新的景点、店铺、餐厅和娱乐项目，如魔法咒语、神奇生物、暗黑恶棍、勇敢英雄等，可以在这里一饱眼福；来到这里可以探索霍格沃茨城堡，在霍格莫德街头小店购物，到魔法世界里最著名的几家餐厅品尝佳肴和甜品，让你仿佛置身于一个神奇的魔法世界中，感受电影和小说中的神奇境界。

点赞
👍 @WeChen：体验不虚此行，大项目基本都体验了，跟着哈利一起飞跃魁地奇，还有摄魂怪出没，城堡里还原电影，还有一段全息投影，可近距离观看铁三角。
👍 @时光之旅：很好的一个地方，几个身临其境的项目感受很好，有张有弛，工作人员服务和态度很好，园区整个玩下来至少一整天的时间，需要合理安排提前规划。

❷ 变形金刚基地

该景点基于《变形金刚》系列科幻电影进行创作和呈现，也是世界上首个以"变形金刚"为主题打造的主题景区。景区采用专属创作的延伸故事背景，以巨型赛博坦人"梅特罗贝斯"作为核心人物。在这个绝密的超高能科技区，我们可以与汽车人结成联盟，共同保护地球。

Follow Me 北京深度游

❸ 功夫熊猫盖世之地

该景区取材于系列动画影片《功夫熊猫》，将功夫熊猫的世界展现给游客，游客可以同阿宝一起，踏上成为一代武术大师的追梦之旅。你可以在平先生面馆感受浓郁鲜香，也可以在与神龙大侠的旅程中体验功夫的魅力。整个景区围绕"中国式传奇体验"进行设计，是全球首个以"功夫熊猫"为主题的景区。在这里，还可以看到曾经十分喜欢的翡翠宫、熊猫村和智慧仙桃树等。

❹ 好莱坞

好莱坞园区将美国洛杉矶的好莱坞大道呈现在大家眼前，让游客仿佛置身于星光熠熠的好莱坞林荫大道，漫步于高大的棕榈树之间，徜徉在好莱坞经典的场景之中，随时偶遇电影巨星。好莱坞景区还呈现了由著名导演张艺谋与史蒂文·斯皮尔伯格合作的电影特效制片厂体验表演——"灯光，摄像，开拍！"在将东西方文化交融在一起的同时，让你置身于电影的特效世界之中，领略电影幕后魅力。

❺ 未来水世界

在未来水世界，可以观看一场环球影城水上爆破特技表演，从水上摩托艇极速俯冲的惊险特技，到触目惊心的飞机坠毁现场，表演通过逼真的演出和惊险的特技，让你置身于精彩的"水上战斗"之中。此外，你还可以在这里体验除特技表演之外独特的主题餐饮娱乐体验。

❻ 小黄人乐园

小黄人乐园的设计灵感取材于我们熟知的动画电影《神偷奶爸》。在这里，你可以看到片中的众多人物和经典场景。在街区、港口和市中心可以看到小黄人走街串巷，同时《欢乐好声音》巡演的首站公演也在照明剧场上演，你可以与众多来自《欢乐好声音》中的明星角色一起欢歌载舞；在超级萌乐岛，你还可以尽情地玩萌转过山车和超萌漩漩涡等，极具挑战性。

❼ 侏罗纪世界努布拉岛

该景区以电影《侏罗纪世界》为蓝本，在这儿，你将在史前恐龙再次踏足的努布拉岛开启一场探险历程，看到充满未知的热带雨林、瀑布与神秘的潟湖，面对威猛强大的霸王龙、迅猛龙、甲龙及令人望而生畏的霸王龙，有一种身临其境的感觉。

其他郊区 |

攻 略

美食 饕餮一族新发现

1. 虽然景区门票价格不菲，但是环球大道是免费开放的，游人可以在此尽情玩转：这里有亚洲最大的皮爷咖啡店，也有第一次走出美国的萌萌牛鱼寿司汉堡餐吧，还有蒸汽朋克风的酷巧——巧克力商店、美味盛宴厨房及拥有开放厨房的红炉比萨烘焙坊等各种充满异国风情的小店，环球大道的开放时间可达21:00。

2. 环球影城中有很多餐厅，如漂流者小馆、飞行猎手餐厅、琥珀岭餐厅、至景餐厅、哈蒙德餐厅、赛博坦骑士餐厅、背离的秘密餐吧、熊猫婆婆私房菜、功夫小吃、落霞餐厅、皮爷咖啡、小黄人来一口、萌乐快餐、三把扫帚、平先生面馆、美食广场、猪头酒吧、能量晶体补充站、梅尔斯餐厅、甜甜屋、老巢餐厅等，游人可根据自己的口味自行选择。

住宿 驴友力荐的住宿地

环球影城大酒店坐落在影城的入口处，住在这里既能感受好莱坞时代的璀璨氛围，也能享受到现代化的便捷舒适。

除此之外，影城附近也有很多可以住宿的地方，价格也更亲民。比如距离环球影城约2千米的青皮树酒店，设施干净整洁，酒店附近还有很多景点，如韩美林艺术馆等，有时间可以去游览参观。

购物 又玩又买嗨翻天

来这里一定要走访一下纪念品商店，如熊猫杂货铺、德维与班吉巫师、探长零件集市、小黄人集市、平先生神龙大侠大百货、风雅牌巫师服装店、暗房、蜂蜜公爵、特工装备店、环球影城商店、侏罗纪集市、猫头鹰邮递、霍格莫德车站、奥利凡德和费尔奇没收品商店等。

娱乐 城市魅力深体验

北京环球度假区有14个演出：三强争霸赛动员会、流浪节拍、魔杖魔法、霍格沃茨特快列车长、"灯光，摄像，开拍！"、未来水世界特技表演、青蛙合唱团、欢乐好声音巡演、奥利凡德、霍格沃茨城堡夜间灯光庆典、小黄人见面会、环球城市大道电影院、智慧仙桃树、变形金刚。传奇现场，精彩不容错过。

北京野生动物园
野生动物的乐园

微印象

@233****217：好大的野生动物园，有一个自驾车路线的游览区，可以边开车边观赏动物，到了羚羊、麋鹿、斑马区还可以通过车窗喂动物食物，挺有意思的。同时，可以乘坐园区内的小火车进行游览。另有一个游览区是边走边观看动物的，在这个游览区里，可以坐铁笼车观赏动物，近距离看到老虎、狮子、狗熊等凶猛动物。

门票和开放时间
门票：成人150元，儿童90元。
开放时间：4—9月 8:30—17:30，10月至次年3月 9:00—17:00。

进入景区交通
位置：大兴区榆垡镇永定河畔的万亩林。
1.公交：乘坐公交943、828、849等路到东胡林站下车步行即达。
2.自驾车：由玉泉营走京开高速公路至北京段出口前行4000米即到。

景点星级
人文★★　　美丽★★★　　特色★★★　　浪漫★★　　休闲★★★★★　　刺激★★★★★

其他郊区 |

北京野生动物园是经国家林业和草原局批准的集动物保护、野生动物驯养繁殖及科普教育为一体的大型自然生态公园。动物园以散养、混养方式展示野生动物，有散放观赏区、步行观赏区、动物表演娱乐区、科普教育区和儿童动物园等。

攻略

在散养区里观光，就像在森林里看动物一样，各种动物的自然生活状态一览无余。散养区观光要坐专门的大巴，出示门票后，就可以免费乘坐观光车游览。观光时可以喂动物，收费为10元。在观光时一定要注意安全，不要使用闪光灯对动物进行拍照，以免动物受惊。此外，园内还有动物表演，黑猴子、山羊和狮子的表演较多。

园区以"保护动物、保护森林"为宗旨，以"动物与人、动物与森林"为主题，突出体现"野生"和"爱护"。园内共饲养了200余种动物，其中有54种国家一级保护种类、62种国家二级保护种类、42种国外引进种类。里面有国宝级的大熊猫、金丝猴，也有世界各国几乎没有展出过的绿尾虹雉、白尾梢虹雉、棕尾虹雉，还有长颈鹿、东北虎、黑猩猩、鬼狒狒、丹顶鹤、孔雀、鸿雁、狮子、斑马、大象、天鹅等。

❶ 步行游览区

步行游览区环境优雅，含氧丰富，这里设置动物场馆30余个，整体设计突出开放式理念，具有场馆设计新颖、观赏角度多样、视觉无障碍等特点。最大限度地拉近人与动物的距离，增加人与动物的接触，体现人、动物、环境彼此之间的亲密和谐。

步行游览区设有趣味动物表演、鸟类表演和大型动物表演等精彩演出。在观赏节目的同时，既能感受到互动的乐趣，又能感受到惊奇与刺激。

❷ 猛兽体验区

猛兽体验区的动物生活在开阔的自然环境中，展出动物20余种，300余只。可乘坐笼网投食车进

Follow Me 北京深度游

行观赏。在亲自饲喂动物的同时，更能体验到猛兽的凶猛刺激、草食动物的温顺可亲。当乘车在野生动物中穿行时，眼前将呈现出一片动物在绿色王国里和谐相处的自然景象。

猛兽体验区的游览顺序依次为棕熊、黑熊、斑马大羚羊、非洲狮、梅花鹿骆驼、东北虎。

❸ 小火车游览区（自驾车游览区）

北京野生动物园推出七大区共同组建成了经典异国自然景观、野生动物保护游览胜地。世界不同风貌的原生态自然风光、动物风貌尽收眼底。这里有独特的设计理念、原始的自然景观，你可以驾驶自己的爱车来体验与兽同行的刺激与豪情，也可以乘坐动物园的小火车来一场奇幻美妙的野生动物之旅。

小火车游览区的游览顺序为祥瑞迎宾、亚洲丛林、非洲原野、湿地探幽、大洋洲部落、山地寻踪、田园牧歌。

攻略

食宿 饕餮一族新发现

园区里有出售食物的地方，但是价格比较贵，味道也很普通，因此建议自带食物。

住宿可以去大兴区中心，那里有各种价位的住所，可以自行选择。

游玩路线 游遍景区不犯愁

北京野生动物园面积很大，纵深约有1.5千米，行进一圈儿约有4千米。景区的大门位于西侧，从西侧进门后有两条路线，分别为南线和北线，在南线和北线的深处都通向内部的散养区。一般的游玩路线为从南线步行进入，先游完南线各区域，然后乘坐喂养车穿过散养区，再从北线步行游玩而出，游玩整个动物园大概需要半天时间。

南线游览区：金丝猴馆—珍稀动物馆—木径鸟语—狮狒馆—狐猴岛—狮虎馆—动物表演场—餐饮中心—野鸭湖—散放区乘车广场。

北线游览区：儿童动物园—夜行动物馆—斗鸡表演场—珍稀鸟馆—北方鸟林—热带鸟馆—水禽湖—散放区下车站—散放区乘车广场。

中线游览区：和平鸽主题广场—孔雀园—鳄鱼表演场—袋鼠园—鸣禽长廊—鸟类表演场—鹦鹉广场—散放区乘车广场。

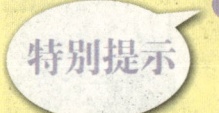

特别提示

❶ 景区面积很大，而且很多为开放区域，夏季时会很晒，请做好防晒准备。

❷ 周末及节假日园内人会很多，条件允许的话请尽量错峰出行。

❸ 在乘坐喂养车喂养动物时，要注意千万不要把手伸进铁笼，以免发生危险。

❹ 为保护动物，现在园区不接受外带的喂养食品带入。